誰も教えてくれなかった死の哲学入門

内藤理恵子

日本実業出版社

はじめに

いまや空前の多死社会となっています。超高齢化社会の必然ではありますが、死は身近なようでいて、人生の最期を病院で迎えるケースも多く、身近な人の死もどこかよそよそしいものになりつつあります。人は肉親も含めた他者の病気や、さまざまな原因による死に接して、自分にも死がいつかやってくることを強く意識しますが、多くの人にとって、「死」というものが「観念」にとどまっている（当然ながら、「死」そのものは体験できないのです）こともあって、自分の死について思索する練習もできず、その土壌を持たないともいえます。

あらためて死について考え始めると、戸惑い、不安と恐怖を覚えることになります。ここで初めて死についての学びができていなかったことに気づきます。いま必要なのは「死」について「哲学」で考えることなのです。

なぜ哲学なのか？　哲学は根本原理、もしくは原理の近似値を描くことのできる唯一の学問ですが、日本では教育現場でもあまり取り上げられることはなく、せいぜい中学・高校の倫理社会の授業くらいではないでしょうか。あとは、大学の教養課程で講義に出るか、数少ない哲学科のある大学に進学するか、独学で哲学書を読むか……。

哲学的な思考の基礎がないまま、不安や苦しみの解消を他者に依存し、その欲求が満たされないと嘆いているのが、現代の日本の「死」に関する思想状況であると思います。さらには現代日本の異様な自殺率の高さ、特に世界的に見ても特異な若年層の自殺率の高さは、哲学教育の不在となんらかの関係があるとも思います。

偶然なのか、私は最近、若くして自死した方の遺族に立て続けに出会いました。彼らの多くは混乱のまま人生を送っていました。著者なりに、なにかできることがないだろうかと考えました。そこで、若年層を含め多くの人たちに哲学という手法を知ってもらうことで、このような事態が繰り返されることを、少しは減らすことができるのではないかと思ったのです。学校であれ家庭であれ、死についてどう考えればよいのかを教えてくれる機会は、これまでほとんどなかったのではないでしょうか。

著者は大学で哲学を、大学院では宗教学を専攻し、葬送文化を研究してきましたが、調べれば調べるほど宗教儀礼では解決できないある問題が気になり始めたということもありました。それは、人々がインターネットで大量に情報を得るようになってから、いっそう急速に膨らんだようにも思えました。その問題とは、死を宗教儀礼にあずけたままで、死についての思索を欠いた文化には、もはや限界がきているのではないかということです。簡単に言うと、人間の死について、わたしたちは考える「よすが」を失っているのではないかということです。それも、本書を執筆する大きなきっかけになっています。

ベストセラーとなった書籍『DEATH「死」とは何か』（シェリー・ケーガン著、柴田裕之訳、文響社）は、心理学的・社会学的なアプローチをとりながら、著者自身の死生観を軸に死を考察したもので、啓発されるところの多い好著でした。同書も人々が死について考えるヒントを提供しようとするものだったと思います。

本書『誰も教えてくれなかった「死」の哲学入門』では、可能な限り、哲学者たちの力を借り、また最新のサブカルチャーのイマジネーションも参照しながら、「死」を考え抜こうとした先人たちから学ぼうとしています。聖書や経典などからも手がかりを探し、一部、科学者の知見も援用しました。著者の死生観を披露しようとするものではなく、読者のみなさん一人ひとりが、それぞれの「死について」考えるときの「ヒント」になりそうな哲学者たちの言葉を収集し、整理しています。理解の手がかりになるようなイラストも自分で描き、ふんだんに盛り込みました。

もちろん、ときに著者独自の解釈が入るでしょうし、最終的には著者の体験に根差したものが「答え」として提示されていますが、どちらかといえば、それは副次的であって、先人たちの「死についての博物誌」を目指しました。

また、本書では、宗教や信仰を否定するのではなく、現代において哲学と信仰をいかにつなげるかというチャレンジがあります。信仰がない人にも、多様な考え方を知る機会と捉えていただければ幸いです。

目次をご覧になれば明らかですが、本書に登場する「哲学者」とは、一般的な哲学者とは違う先人たちも入っています。宗教者の釈迦やキリスト、科学者のセーガン、マンガ家の手塚治虫などがそうです。ここでの哲学者とは、「死」について考え抜いた哲学者、宗教者、科学者、表現者、アーティストたちを総称して「哲学者」（あるいは「哲人」「先哲」）としています。

その人選は、現代日本人にとって、重要かつ興味深い哲学者を取り上げたつもりです。実存主義の祖・キルケゴール、弁証法のヘーゲル、「永遠回帰」「神は死んだ」のニーチェ、人生に悲観的なショーペンハウアー、「哲学は死のレッスン」と言ったソクラテスとその弟子プラトン、現代の死生観を更新したハイデガー、現象学の創始者フッサール、哲学を終わらせた天才ヴィトゲンシュタイン、死に新たな光を当てた実存主義者サルトル、さらには、キリスト、釈迦、空海、源信などの宗教者、そして、新たな釈迦（ブッダ）像を描いた手塚治虫、現代科学者ペンローズ、古くて新しい驚嘆の中世哲学者ジョルダーノ・ブルーノ――。

読者のみなさんには、しっくりくる部分も、こない部分もあるかと思いますが、何かが「引っかかる」と思ってくだされば、《「死」についての哲学入門》の役割は果たせたことになると思っています。そして、望むらくは、本書が少しでも死の不安に立ち向かい、生きることについて考えるための力になりますことを。最後に、本になるまでサポートしてくれた日本実業出版社編集部の松本氏に御礼を申し上げます。

2019年7月11日

内藤　理恵子

哲学の墓堀人、ヴィトゲンシュタインの死生観／「時間なんてない」——ヴィトゲンシュタインの時間観念／キャラが濃すぎる哲学者／まるで宇宙人の思想／部屋にはサイがいる？？？／語りえぬものについては沈黙せよ／死への不安と恐怖——ジャンケレヴィッチ／ヴィトゲンシュタインを超えるサルトル／不安が実存主義に回帰させる／死は虚無である——サルトルの死生観／『探偵物語』最終回の死とサルトルの死生観／自分の思想の虚無に耐えられなかったサルトル／サルトルの悲惨な死に方／人間は机のようには定義できない存在／ヴィトゲンシュタインとサルトルから何を学べばいいのか／沈黙を守るべき？

第7章

死から甦ったキリスト 対 いまも生きている空海 そして、日本的霊性を発見した鈴木大拙

キリストを哲学的にどう考えればいいのか？／「ラザロの復活」から知るキリスト／空海はいまも生きている？／著者、兼六園で空海に出会う!?／誤解されがちな空海の死生観／覚鑁が結びつけた浄土思想と空海の思想／覚鑁の死生観の新しさ／浄土真宗に日本的霊性を見出した鈴木大拙／釈迦はどう語ったのか？　という疑問

第10章

ともに宇宙観に強く結びついた死生観

中世哲学者ブルーノ
対
現代物理学者セーガン

深く結びついた宇宙観と人間の死生観／科学と宗教と哲学の接地点――ペンローズ／驚嘆すべき先覚者ブルーノの宇宙観／死の恐怖を克服したブルーノ／ブルーノの宇宙観はオリジナルか？／死とは存在のあり方の変容――クザーヌス／天文学に死生観を統合したセーガン／セーガンの人間観／宇宙が生き永らえるために、人間は死なねばならないのか？／「代謝する宇宙」の思想を体感する手がかり

デザイン●志岐デザイン事務所（萩原睦）
イラスト●内藤理恵子
ＤＴＰ●一企画

第1章

死も哲学も神におまかせ

キルケゴール

対

絶対精神黙示録

ヘーゲル

セーレン・キルケゴール
1813 ➡ 1855

デンマークの哲学者。実存主義の生みの親。「実存主義」というと、その字面からも、何やら難し気だが、「いかに生きるか」を考える哲学と解釈できる。

失恋に始まり信仰で終わるキルケゴールの人生

はじめの一歩として、まずはキルケゴールを取り上げます。

キルケゴールの主著は『死に至る病』であることからも、死生観を問う本書としては避けて通れない思想家です。哲学史の大きな転換点に彼がいます。「世界とは何か」などという、人間がとうてい太刀打ちできない問題に気を取られがちな哲学というジャンルに、普通の生活を送る人々が共感できる「日常系」を導入したのがキルケゴールだといえるでしょう。

哲学者キルケゴールは「実存主義の祖」と呼ばれていますが、その哲学がどこから生まれたのかといえば、意外なことに失恋でした。

キルケゴールは24歳の時、14歳だったレギーネ・オルセンと恋愛し、1840年には婚約までしましたが、翌年に自分のほうから婚約を破棄します。キルケゴールからすると、レギーネのことを愛するがゆえに身を引いたということらしいのですが、彼はその後、「自分のことを忘れないでくれ」と手紙で彼女に哀願しています。また、複数のペンネームを使い分けて多くの書物を著すなど、その不可解な失恋の経緯とその後の行動でもキルケゴールは有名です。人は恋をすると多少は挙動不審になったりするものですが、キルケゴールのそれは度を越していました。自分でも「なんでこうなった？」と多少なりとも思っていたに違いありません。そこで、彼は自分自身への反省を含めた哲学を構築し始めます。それが結果的に、「実存哲学」の始まりとなったというわけです。

キルケゴールは、こうした奇行ともいうべきイザコザを巻き起こす一方で、自身のさまざまなコンプレックスにも悩んでいました。婚約は破棄しても、レギーネへの恋心が失わ

キルケゴールの永遠の恋人、
レギーネ・オルセン

れたわけではないので、余計にコンプレックスをこじらせてしまいます。彼の人生は、その後マスコミからのバッシングを受けるなどして、どんどん複雑化していきます。

また、彼は一時期、放蕩生活を送っていたことがあります。今でいう「パーティーピープル」のような生活をしていた時代を経た後、回心したキルケゴールですが、愛する人と相思相愛になる価値を自分の中に見出すことができず、婚約破棄に至ったのでした。このような孤独な人生を選んだ彼の行動は、キリスト教の倫理観に大いに関係があるでしょう。

キリスト教の時系列は直線的です。一度つまずいたことによる不安を取り除くことは困難と考えた彼は、一生、その不安と苦悩に向き合うことになりました。そのような複雑な内面の葛藤を抱いていたキルケゴールは、「絶望」という観念に至り、著書『死に至る病』で自らの「絶望」の複雑さを分類することになります。そしてそれは、最終的にはシンプルな死生観へと昇華されていきます。彼が到達した境地を一言で表現するとすれば、「キリストを信じよう」というものでした。

聖書「ラザロの復活」からのキルケゴール入門

キルケゴールの実存哲学は、まずキリスト教を信じきることからスタートするため、その思想を理解するには、主著と併せて聖書を読むことが必要なのです。日本人にとって彼の思想が難解に思えるのは、聖書を踏まえてものを考える西洋人とはスタート地点が異なるからでしょう。日本ではブームになりやすいニーチェと違って、キルケゴールのブームが来るようで来ないのは、このあたりに理由があるのではないでしょうか。キルケゴールはそのキャラクターからしても、後に説明する重箱の隅をつつくような「絶望の分析」も、何かとユニークな哲学者なのに、あまり一般的でないのは実にもったいないことです。

著者がキルケゴールの思想を身近に感じることができたのは、中学から大学院までキリスト教の学校に通っていたからでしょう。私はクリスチャンの家庭に生まれたわけではないので、たまたま縁があった学校でキリスト教思想に触れたのです。しかし、聖書のすべてを理解しなければキルケゴール思想はわからない、ということでもありません。まずは新約聖書の「ラザロの復活」、そして「イエス・キリストの復活」「ヨハネの黙示録」の要点を把握すれば、スタートは可能です（聖書のエピソードについては、第7章でも取り上げます）。

まず、新約聖書の『ヨハネによる福音書』11章「ラザロの復活」のエピソードを読んでみましょう。これは、ベタニアのラザロという男が死んだ話から始まります。

ラザロはキリストの知人姉妹の兄弟です。そのラザロが死に、洞窟の墓に葬られてから4日後、キリストはラザロの家を訪ねます。そして、キリストはラザロの姉妹に「あなたの兄弟は復活する」と告げます。それを聞いた姉妹は、「世界の終わりの日に復活すること」

と勘違いしてしまいます。ところが、キリストが墓（洞穴）の前に行って、入り口の石を取り除くと、なんとあっさりラザロは生き返り、墓の中から布で巻かれたままの姿（死装束）で出てきます。この出来事によって、キリストを信じる人が増えたという強烈なエピソードです。死んだはずの人が生き返ったのですから、その現場を見てしまった人々は、強烈なショックを受けるとともに、キリストを信仰せざるをえなくなるわけです。

キルケゴールは『死に至る病』の緒言で、このラザロのエピソードを引用しています（鈴木祐丞訳ではキルケゴールの名は〝キェルケゴール〟と表記）。

ラザロは死んでいる、それなのにこの病は死には至らなかったのである。

（キェルケゴール『死に至る病』鈴木祐丞訳、講談社学術文庫キンドル版）

キリスト教は、キリスト者に、死を含む一切の地上的、この世的なものについて、これほどまでに超然と考えるよう教えてきたのだ。

（同）

つまり、キリスト教の信者にとっては、肉体的な死は一時的な変化であるとされ、復活は約束されているのです（その証拠としてラザロの復活がある）。これは逆に言えば、キリストの教えに離反すればその恩恵を受けることができないという解釈にもなります。そのため、キリスト教信者にとっての恐怖とは、肉体的な死や病ではなく、キリストの教えから離反する「絶望」ということになります。

聖書の「ヨハネの黙示録」（キリストの言葉ではなくヨハネの見たヴィジョンをもとに書かれている）においては、最終的には裁きの日がやってきて、キリストを信じる者は皆生き返るとされています。それを映画の本編にたとえるとすれば、映画を「ぜひ観たい！」と思わせるための予告編も必要になります。それが「ラザロの復活」なのです。このあたりは、キリスト教信者以外はなかなか理解が難しいですが、「実存主義の始まりはキリスト教からだった」という理解をしておけばよいでしょう。

「死んでも死なない」という死生観

ラザロを復活させたキリストは、その直後から爆発的に信者を集めます。が、それによってあまりにも目立ちすぎてしまい、結局は処刑されてしまうことになります。死んだ者を復活させる者が出現したとなれば、それは政治家よりも、他宗教の教えよりも、強力な求心力となるでしょう。そんなミラクルな力を持つ者の存在は、為政者にとっては、警戒すべき脅威になります。キリストは実際に奇跡を見せて、「死を超える」「死んでも死なない」という力（死生観）を提示したため、それは死を恐れる人類の希望となりました。

しかし、この「死んでも死なない」という感覚は、多くの日本人にはわかりにくいのではないでしょうか。

桜の花びらが散りゆく姿に生き死にを重ねる日本人の感性、たとえば「願わくば花の下にて春死なむ　そのきさらぎの望月のころ」という西行の歌に代表されるような感覚を意識の底で共有している多くの日本人にとって、「死んでも復活する」という話は奇妙に聞こえるかもしれません。「肉体そのものがよみがえるのか」などという疑問を禁じえないでしょう。

これは、聖書では、「霊の体として復活する」とされています。

これについてもさまざまな解釈があるでしょう。聖書から具体的なヒントを探し、私たちがイメージしてみればいいと思います。たとえば十字架にかけられた後、3日後に墓から復活したキリストは、弟子たちの前に姿を現したということになっています。その時の、「戸には鍵がかかっていたのに、キリストはいきなり家の真ん中に立っていた」といったエピソードからも、「霊の体」というものを想像してみるのです。それによれば、どうやら日本的な霊（幽霊）のイメージとはかなり違った活き活きとしたもののようです。

このあたりのデリケートな議論は、完全に信仰の領域であり、復活の体に関する解釈も複数存在しますから、宗教者やクリスチャンが信じるものの中に答えがあると考えることもできます。著者もキリスト教の学校で学んでいましたが、洗礼を受けていないため、キリスト教信者からすれば、外野からガヤガヤとおしゃべりをしているにすぎません。キリストがどのような体で復活したのか、信者が、遠い未来にどのような姿で復活するのか、著者を含めた外野からは軽々しく語ることができない領域の話です。

キルケゴールとニーチェの死生観の違い

キルケゴールは根が真面目だったのでしょう。堕落したパーティーピープル時代のことを恥じていたことに加え、自身の生い立ち（父の女性関係など）に負い目を感じていたようです。キリスト教の信仰に目覚めてからは、父や自らの過去の過ちを悔い、信仰の道が成就されない問題、すなわち「絶望」を実存哲学として展開させました。

たいていの人間は、過去のことなど気にせず、自分を正当化したりごまかしたりして、周囲と同じように小さな幸せを享受して一生を終えますが、キルケゴールの場合はそうではありませんでした。内面は繊細で無垢な青年であり続けたためか、過去の自分の振る舞いを内省し、青ざめることになったのでしょう。兄弟が早世したことも彼の不安を増幅させました。そうした心境のままで天に召されたのがキルケゴールです。

ニーチェにも、同じく堕落した遊びに身を投じた経験がありました。好きな女性を片想いし続けたこともキルケゴールと似た道をたどっています。しかし、ニーチェの場合は、キリストの教えに沿って自分の心を変えようとしたのではなく、反対に、自身の行動規範や倫理をもとにした〝反キリスト〟の物語を書き上げてしまいました。内省によって決着をつけようとしたキルケゴール、世界の方を変えようとしたニーチェ。いずれにしても、失恋がきっかけとなって彼らの思想が生まれていることは面白い事実です。

ニーチェは、キリスト教的な「直線的な物語」とは正反対の物語を創造しようとして、円環状の新しい神話＝永遠回帰を創造しました。詳細は第2章に記しますが、まずはキル

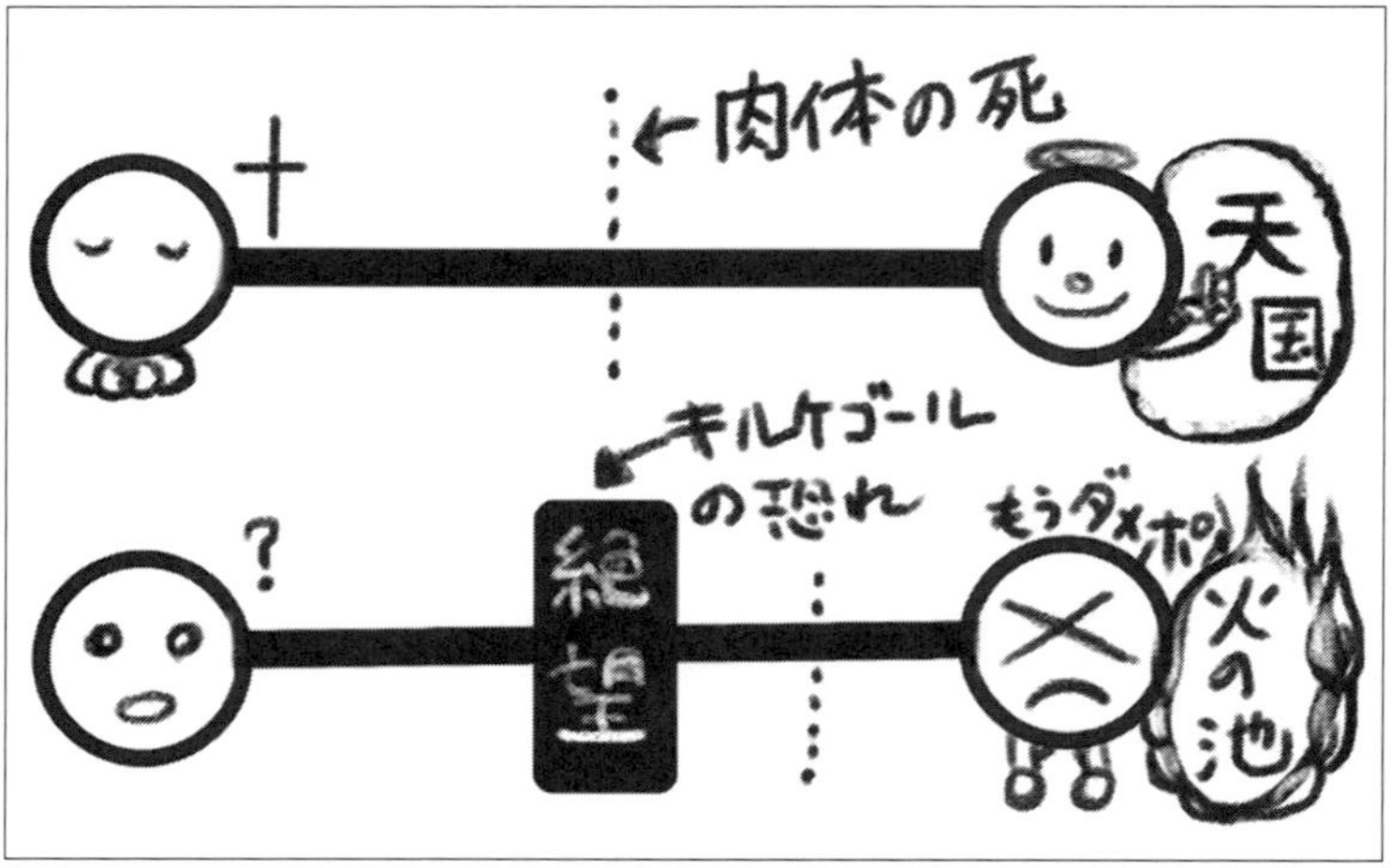

キルケゴールの死生観

ケゴールとニーチェの死生観をイラストで比較してみましょう。

キルケゴールは、キリスト教的な時系列の直線上で、どう生きたらいいのか終始もがき続けました。

ニーチェは、キリスト教倫理の直線構造を折り曲げて、起点と終点をつなげてしまいました。「永遠回帰」は実際にあるのか、ないのか、という問題に気を取られがちですが、反キリストのわかりやすい世界を作ったと考えてみましょう。キリスト教に合わせて自分の生き方を変えていくキルケゴールに比べ、自分の価値観に合わせて世界のほうを変えてしまおうとしたニーチェの強引さには、改めて驚かされます。

キルケゴールとニーチェを映画監督にたとえると

ここでキルケゴールの主著『死に至る病』の序言を読んでみましょう。

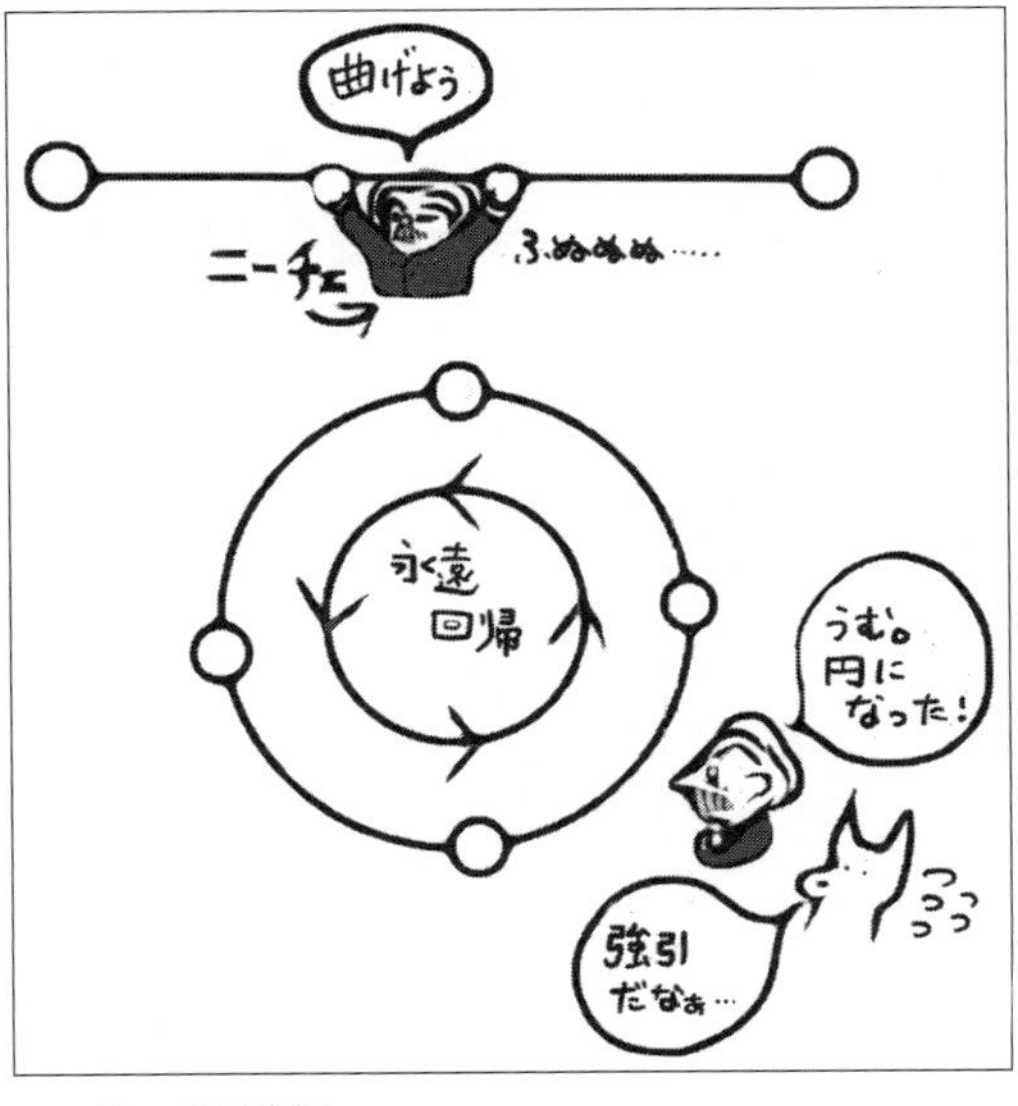

ニーチェの死生観

キリスト教に関わる叙述は、何であれ、病床に臨む医者の話し方と似ていなくてはならない。たとえその話をちゃんと理解するのは医学に通じた人だけだとしても、病床に臨んでいるということは決して忘れられてはならないのである。

（『死に至る病』鈴木祐丞訳、講談社学術文庫キンドル版）

これはキルケゴールの現場主義宣言だと思います。「事件は現場で起きているんだ！」と、苦悩するキルケゴールならではの感覚です。キルケゴール以前、哲学の問いは「世界の根源は何か」「世界の本質とは何か」「国家とは」「神とは」などという壮大なアドベンチャー映画のようなものでした。そうした哲学や哲学者に対して、キルケゴールは、生き方を探して若者が旅に出るロードムービーを撮り始めた映画監督のような存在です。

ただし、その設定は、キリスト教色に染まっていて、キルケゴール監督の上には総監督のキリストが君臨しています。その指揮の下でしか映画は撮影できないと考えればわかりやすいでしょう。

対するニーチェ監督は、キリスト教の前提をもぶち壊してから、世界観そのものを自前で構築させるべく主人公を旅立たせます。アドリブとアクシデントだらけのアドベンチャー作品にたとえられます。

キルケゴールのモチベーションはどこからきたか

キルケゴールは、自分の生き方を模索しますが、それと同時に実は「ヘーゲルへの反発」というモチベーションも存在しました。『死に至る病』では、ヘーゲルへの皮肉が繰り広げられています。となると、ここでヘーゲルの思想を確認しなければならないということになります。

キルケゴールが、キリスト教の影響とともにヘーゲルに抗って実存主義を確立したのならば、聖書だけでなく、今度は哲学史上、超難解で知られるヘーゲルの思想も踏まえなければ先に行けないのか？　やれやれ、と、だんだん面倒になってくるかもしれませんが、ヘーゲルを経由するのは遠回りに見えて、実は、キルケゴールを理解する近道なのです。

以下では、大ナタを振るうのを恐れず、できるだけわかりやすくヘーゲルについて説明します。

ヘーゲル
1770 ↓ 1831

ドイツ観念論を代表する哲学者。死後にヘーゲル学派が分裂し、19〜20世紀の現代哲学の主要な動向が生まれた。

矛盾をガソリンにするヘーゲル弁証法という名の自動車

キルケゴールが批判したヘーゲル哲学の代名詞的な思考方法、弁証法とはいったい何なのか？　そんなものが死生観と関係あるの？　読者のみなさんはそう思うかもしれませんが、まずはお聞きください。

もともと弁証法とは、古代ギリシャにおいては対話などを通じ、「イデア」に達するための問答法のことを指していましたが、ヘーゲルの弁証法では、到達地点は「イデア」ではなく、「絶対精神」と呼ばれるものになります。この「絶対精神」という呼称がどうにもわかりにくいのですが、「神」とほぼ同義と考えたほうが話は早いかもしれません。

神というと、日本人ならば、いわゆる八百万《やおよろず》の神々を思い浮かべる人が多いかもしれませんが、ここでは絶対的な唯一の神を思い浮かべてみてください。

ヘーゲルは、ありとあらゆる矛盾を解消していけば、絶対精神（唯一神）に到達すると考えます。同時に、反対側から見ると、すべての矛盾とその解消も、実は圧倒的な存在の絶対精神（唯一神）が自己を展開させているものと考えていたわけです。

となると、この世界のすべての出来事は神の表現ということになりますから、ヘーゲルは、この世界のあらゆる矛盾をプラスと捉えます。わたしたちから見れば、矛盾とは、人間関係の小さな軋轢によるストレスから大規模な戦争まで、さまざまな出来事のマイナス要因にしか思えませんが、ヘーゲルの場合は、これをいわばハイオクガソリンのようなものだと考えました。矛盾する状態を解消するための対立の末に生み出された「何か（状態）」は、対立する前の段階より「上位（よりよい）」の状態である、とヘーゲルは考えます。そのような対立をトーナメント戦のように勝ち進むと、世界の原理（絶対精神＝神）に到達するというのです。

こうしたヘーゲルの弁証法は、どこかコミック的な文法に支配されているように思います。そこでいささか強引ですが、思い切ってマンガ『ドラえもん』でヘーゲル弁証法を解説してみましょう。

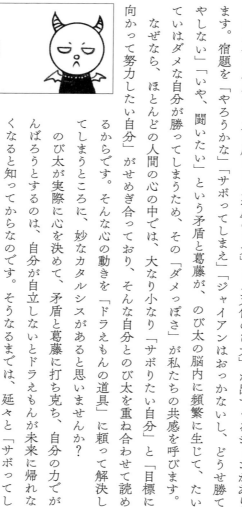

ドラえもんでわかるヘーゲル弁証法

主人公の野比のび太の脳内に「悪魔のび太」と「天使のび太」が出てくるシーンがあります。宿題を「やろうかな」「サボってしまえ」「ジャイアンはおっかないし、どうせ勝てやしない」「いや、闘いたい」という矛盾と葛藤が、のび太の脳内に頻繁に生じて、たいていはダメな自分が勝ってしまうため、その「ダメっぽさ」が私たちの共感を呼びます。

なぜなら、ほとんどの人間の心の中では、大なり小なり「サボりたい自分」と「目標に向かって努力したい自分」がせめぎ合っており、そんな自分とのび太を重ね合わせて読めるからです。そんな心の動きを「ドラえもんの道具」に頼って解決してしまうところに、妙なカタルシスがあると思いませんか？

のび太が実際に心を決めて、矛盾と葛藤に打ち克ち、自分の力でがんばろうとするのは、自分が自立しないとドラえもんが未来に帰れなくなると知ってからなのです。そうなるまでは、延々と「サボってしまえ」と「やらなくちゃ」の弁証法的な精神的葛藤に負けてしまい、弱い自分が優勢になります。

ジャイアンに勝つ前に、あるいは宿題を前にして、のび太はまず自身の弱い心と戦わなければならないのです。ここで矛盾や葛藤が起こり、その解消によって強い心が生まれ、実際にジャイアンと闘ったり、宿題に取り組んだりします。『ドラえもん』の劇場版では、のび太はもっと手ごわい相手、たとえば恐竜や異星人や地底人、タイムパトロール隊と闘うことになります。より強い相手と闘うたびに強くなっていくのび太。そうした旅路を経て、のび太は徐々に成長していきます。そして、それらすべての物語は、実は「作者の精神の自己展開でした」というメタな展開を暴露してしまうような思想が、ヘーゲルの哲学（弁証法）なのです。

ヘーゲルは、私たちが生きているこの世界のあらゆる出来事、また哲学、宗教、芸術など、さらに自然などその他諸々は、すべて〝クリエイター（神）の自己展開〟と見立てています。この大胆な発想には賛否両論あると思いますが、ヘーゲルの死生観を理解する上での基盤になります。ですから、いったんヘーゲルはそういう風に考えるのだなと腹におさめてみてください。

「ストリートファイターII」で止揚を理解する

先の「対立の末に生み出された『何か（状態）』」は専門用語では「止揚《しよう》（揚棄《ようき》ともいう）」といいます。止揚はドイツ語では「アウフヘーベン（Aufheben）」といい、この言葉のもともと持つ「否定」「高める」「保存」という意味内容を、ヘーゲルは哲学的な用語に転用し、弁証法の原理としたのです。今度は、この「止揚」をビデオゲーム「ストリートファイターII」で説明してみようと思います。

次から次へと生命を賭けたチャレンジャーが主人公リュウの前に出現し、闘いを挑んでくる格闘ゲーム「ストリートファイターII」は、主人公がライバル（ケン）に勝てば、ケンは廃棄されます。

一方、勝者のリュウには「対ケン」の対戦データが蓄積されます（「止揚」の状態）。つまり、ケンは単に廃棄されてしまうのではなく、負けたことにより、リュウに統合されるのです。そのデータは、リュウが他の対戦をする際にも役に立ちます。ライバルであるケンとの対戦は、主人公リュウの知見（プレイヤーの知識）となって、彼の強さとなります。そしてリュウは、最終的に悪の総帥ベガと対戦しますが、ベガを倒したリュウの精神は絶対的なものとなります。それまでの過去の対戦履歴とその相手は、すべてリュウの勝利のためのプロセス（手段）なのです。もちろんその後は、リュウも他者から廃棄される可能性に耐えなければなりません。

こうして格闘ゲームのレジェンドにたとえると、ヘーゲル弁証法はすごくしっくりくるのですが、現実世界にこの止揚の原理を当てはめるとなると、いかがですか？　違和感がありませんか？

矛盾を解消し、それをより高い次元のものに更新していくプロセスで、廃棄された者（敗者）は、勝者の一部に組み込まれて保存される。ここでは、勝者も敗者も常に一対一の勝負に投げ込まれ、その緊張とストレスを強いられます。これはシステムとしては理解できるけれど、現実の世界はもっと精妙で複雑なもののはずです。しかも、優しさや愛といった人間の感情や体温があまり感じられません。もっとも、こういう生き馬の目を抜くような過酷さこそが現実世界のリアルだともいえますが、それだけでよいのでしょうか？

その違和感を表明し、考え抜いた哲学者こそがキルケゴールでした。

もしもキルケゴールが『ドラえもん』の世界を描くとすれば、きっと、「ありのままの」のび太を大切にしたことでしょう。のび太にとって大切なことは、弱い自分の心の葛藤に打ち克つことでも、ジャイアンに勝つことでもなく、家族・友人としてのドラえもんを心から愛すること、それだけです。そして、のび太はのび太のままでドラえもんに愛されています。ダメなのび太は、いつだってドラえもんの一番大切な友達。これがキルケゴール的な世界なのです。

その一方で、ヘーゲルはいつだって勝者の味方をします。どちらが正しいのか？　これは議論していても仕方がないことで、私は、ヘーゲル的な世界も、キルケゴール的な世界も、いずれも並存しているのがこの世界だと思います。

死を弁証法に組み込む違和感

ヘーゲル哲学は、歴史や近代社会の理論として卓越したものですが、一人の人間として生きる上では違和感を持たざるを得ませんし、そこにはある種の暴力性をありありと感じます。彼は主著『精神現象学』で、死を以下のように描いています。彼の考えでは、「生命」すらも、弁証法の範疇にあるのです。

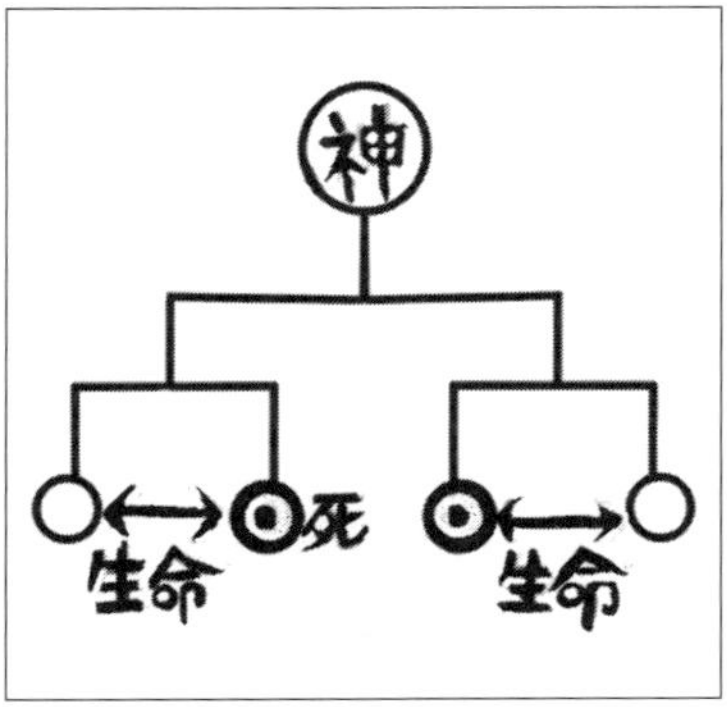

各人は、自分の生命を賭けるように、他者の死を目指さざるをえない。

（『精神現象学 上』樫山欽四郎訳、平凡社ライブラリー、P225）

死によって、両方が自らの生命を賭け、自分でも他者においても、生命を軽んじたという確信が生じてはいるけれども、この確信は、この戦いに堪えた人々にとって生じたのではない。両方の自己意識は、この、自然的な定在である、見知らぬ本質態のうちに置かれた自分たちの意識を、廃棄する、つまり自らを廃棄する。そこで、自分だけで在ろうとする極としては廃棄されてしまう。（同）

これはつまり、勝った側も負けた側も、人と人が出会い続ける限り、戦いから降りることはできない、と述べているのです。たしかに、こういうタイプの人はどの世界にもいます。企業の経営者で成功しているタイプにも「負けたら死ぬ」という勢いで勝ち抜いてきた人はいるでしょうが、なんというか、前時代的な匂いがしますし、勝てばよいという粗暴さも感じます。ヘーゲルの思想が暴論だな、と感じさせるのは、彼が「生命」も「死」も絶対精神（神）を頂点とした弁証法の中に落とし込んでしまう点にあると思います。つまり、どこかしら「対戦ゲーム的な要素」を、現実の「命」まで巻き込んで展開させてしまう点に違和感があるのです。

このような精神的なトーナメントバトルと、人の生き死にを掛け合わせた弁証法的な世界を描いた映像作品がありますので、それを紹介します。

ヘーゲルの死生観をミュージック・ビデオで理解しよう

ヘーゲルの弁証法的な死生観を示す映像作品とは、アメリカのロックバンド、リンキン・

パークが2017年にリリースしたアルバム『ワン・モア・ライト』に収録された「グッド・グッドバイ」のオフィシャルビデオ（「Good Goodbye Official Video - Linkin Park feat. Pusha T and Stormzy」）です。この曲には2種類のオフィシャルビデオが存在するのですが、ここで取り上げるのはバスケットボールが題材になっているほうです。

曲が発表された同じ年に、このビデオに出演したリンキン・パークのヴォーカリスト、チェスター・ベニントンは自死に至っています。

彼の死については、さまざまな要因（トラウマに苦しんでいたこと、友人の死など）があるようです。それに加えて、あくまでも私見ですが、別の要因もあるのではないかと、このビデオから感じる点もあります。死の直前に制作されたこのビデオに託されたメッセージが、チェスターの死と関係しているように思えるのです。ぜひ、曲名を検索して、公式ページで動画を鑑賞しながら以下の説明をお読みください。

ビデオは、ヴォーカリストのチェスター・ベニントンが、闘技場に入場するシーンから始まります。そこには、いかめしい衣装の長身のレフェリーがいて、闘技場では「アクロバティックなバスケットボールのシュート」で得点が競われるという設定です。おそらくアメリカのショービジネスの世界を揶揄しているのでしょう。現実のロックバンド「リンキン・パーク」とそのヴォーカルのチェスター・ベニントンは、2000年にメジャーデビューした直後に大ブレイクします。その後、彼らを真似たような複数のバンドが、出てきては消えていきました。ビデオの、ライバルが出てきては敗れ、露と消える演出は、彼の回想、当時の心象風景のメタファーでもあると思います。

試合（ゲーム）が始まると、先攻のチェスターは見事にシュートを決めます。そこにドクロのお面を被った対戦者が登場し、同じくシュートを決めます。そしてレフェリーのジャッジが下り、チェスターに勝利が与えられます。すると、ここで驚くべきことに、敗者である対戦者は瞬時に燃やされて灰になってしまうのです。

続いてラウンド2が開始され、新たな挑戦者が現われます。その挑戦者はさらにアクロバティックな技を繰り出しますが、チェスターがバスケットのゴールに飛び乗る力技によって勝利を収めます。二人目の挑戦者もその場で燃えて消え去り、レフェリーの背後には敗者の屍《しかばね》が積み上がる様子が見えます。

ラウンド3では障害物を飛び越えながらシュートを決めるという別のルールが採用され、そこでもチェスターは宙返りという大技で勝ちます。挑戦者は首が砕け散ってしまいます。ガッツポーズをとるチェスターですが、次は可愛らしい少女が挑戦者となります。訝しげに少女を見るチェスター。ここで思わぬ展開になります。少女は物理法則を完全に無視した方法でシュートを決めてしまうのです。その少女は超能力者という設定で、ボールを

持ったまま宙に浮いて、そのまま空中を歩いてシュートを決めます。その瞬間、チェスターは消え、レフェリーも吹き飛ばされて消えます。さらに少女は、バスケットのゴールまで破壊して、最後はゲーム自体を終わらせます。もうこのゲームには続きがありません。少女以上に強い者は存在せず、彼女の存在自体がルールとなります。ヘーゲルの「絶対精神」、それがこの少女なのです。

絶対的な存在の出現によって、過去はすべて単なる伏線になってしまいます。ヘーゲルの歴史観はまさにそのような弁証法的なものであり、国家の成立過程や、国家間の戦争も、弁証法的な発展の最終形態である絶対精神の登場によって完成します。そして、それが神へと通じる、という見方が可能になっています。

そのような拡大解釈（ヘーゲルの「歴史観」を映像に重ねる方法）も可能なこの作品ですが、

音楽業界への痛烈な批判と、チェスターの美学、自虐的な風刺、作り込まれた演出が見事な傑作でもあると思います。そして哲学的な視点では、ヘーゲルの弁証法的な死生観が、いかに危険なものになりうるかに気づかされる作品でもあります。

つまり、絶対的強者の前に、多くの人々が灰と化してしまうこと、相手の勝利によって自分の人間的尊厳さえもが消えてしまうこと、より大きな存在のための犠牲としてしか自身の価値を認められなくなること、そしてそれらがすべて、絶対的な神の舞台における寸劇にすぎないとしたら？　おそらく、個としての人間が生きて死ぬことの意味が、最小まで削られてしまうことになりかねません。以上は、いささか拡大解釈がすぎる解説だったかもしれませんが、ヘーゲル弁証法の大雑把な理解には通じるのではないでしょうか。

質的な弁証法・量的な弁証法

キルケゴールは、別れた恋人レギーネだけが自分を理解してくれることを願い、彼女を歴史上の人物にすることをモチベーションに執筆活動をしました。結果的に、レギーネはキルケゴールの名とともに哲学史に刻まれたわけですから、これは彼なりの「勝ち」なのでしょう。

キルケゴールは、ヘーゲルの弁証法を「量的な弁証法」と呼んで、自分の「質的な弁証法」と区別しました。彼は100万人のファンよりも、一人の熱心な信奉者の愛をよしとします。〝質的〟とはそういう意味です。現代のような厳しい競争社会の中で、現実的に心の支えになるのは、ヘーゲルのような仰々しい哲学よりも、キルケゴールの実存主義なのではないでしょうか。

またもやリンキン・パークのチェスターの話になりますが、2010年頃から、エレクトロニック・ダンス・ミュージックが主となった音楽業界で、彼は苦戦を強いられます。しかし、天国と地獄が同居したようなチェスターの歌声は、世界に唯一無二のもの、この先、彼のような才能の持ち主が出てくるとは思えません。もし、彼がキルケゴール的な実存主義者であれば、量よりも、質で勝負ができたように思います。たった一人でも熱烈にその歌声を讃える者がいるのであれば、生命の拠り所をそこに置けばよかったのです。

それから10年、エレクトロニック・ダンス・ミュージックのブームも沈静化しつつあり、その時に強者だと思われたものも、弁証法的な廃棄の憂き目に遭っています。

世相は常に変化しますから、そのなかで常に量的弁証法の世界で闘い続けるというのは、無理な話です。世相のビッグウェーブにうまく乗れるなどということは、むしろ稀です。その波の中で、いかに自分を守るか、いかに小さな幸せを糧に生きていくかが、生きる力になるのではないでしょうか。そういった意味でも、現代の死生観という点では、キルケゴールの質的弁証法のほうが、ヘーゲルの量的弁証法よりも、人生の指針になりうるのではないかと思います。何かにつけて大仰なヘーゲルよりも、路傍の花にも普遍的な愛を感じることのできるキルケゴールの朴訥な個性の面白さが改めて見えてきました。

キルケゴールの「絶望」の分類

キリスト教信者は、信仰という希望さえ捨てなければ、死後に復活するのですから、生と死の断絶はさほど問題ではありません。ここに違和感を抱く日本人は多いと思いますが、ここではキルケゴールの「考え方」を見ていきましょう。

キルケゴールの『死に至る病』の「死」とは、わたしたちが考える「死」とは少しニュアンスが違います。キリスト教を信じていれば、肉体は死んでも霊の体として復活するとされていますから、肉体的な死はここでは、先述のとおりそこまで問題にはなりません。

キルケゴールが恐れたのは、キリスト者としての自己実現ができないことでした。肉体的な死の期日までに自己を完成させられないことを絶望と見なし、その絶望を分析し、尺度表のようなものを作成したのです。それが『死に至る病』という著作です。キルケゴールの実存哲学の面白さがここにあります。人は絶望したら、「ああ、もうだめだ」と嘆き、そこで「終わり」となるのが常ですが、キルケゴールの哲学は、ここからがスタートなのです。

絶望をさまざまなタイプに分類し、まるで女性ファッション誌の「あなたのファッション、ここがマズいよ！」といった特集記事のように、ありとあらゆる絶望にダメ出しをしたのが、『死に至る病』の第一編C「この病（絶望）の諸形態」です。人生も恋愛も、何もかもうまくいかず、不安に苛まれたキルケゴールは、強迫的に絶望を分類しなければ生きていけないほどの辛苦をなめていたのでしょう。

彼は絶望の分類を「絶望だと意識しないパターン」と「意識しながらも絶望しているパターン」に大別しました。おそらくキルケゴールは、この「意識しながらも絶望しているパターン」に自身を投影していたのではないかと思います。ソクラテスは「無知の知」を主張し、それこそが「知っている」ということだという逆説的な論理を展開しましたが、キルケゴールは「絶望の知」も絶望に他ならないと主張します。

絶望は、人を死に追いやることがありますが、キリスト教の場合は、自殺はご法度なので逃げ道はありません。袋小路に追いやられたキルケゴールにできることといえば、絶望を類型化し、自分の絶望の緯度・経度を測ってみることだったのではないかと思います。

キルケゴールには親の遺産があったので、労働に時間を割かれることがなかったようです。生活するのが精一杯で、日々忙しければ気も紛れますが（それは極めて苦しいことですから、哲学者は「いい気なもんだ」とも言えますが)、キルケゴールには莫大な自分のためだけの時間があり、自由な時間はあるのに絶望だけが目の前にあるという状況にありました。

「絶望」とは何を指すのか?

ここで注意が必要なのは、私たちが一般的に想起する「絶望」と、キルケゴールの「絶望」は対象が違うということです。そもそもキルケゴールのいう「人間」も、一般的なものとは少しズレています。

「人間」といって真っ先に思い浮かべるのは、食べて寝て生きる生身の存在だと思いますが、彼の定義では「人間とは精神である。では、精神とは何か? 精神とは自己である。では、自己とは何か? 自己とは関係であるが、関係がそれ自身に関係する関係である」(『死に至る病』鈴木祐丞訳、講談社学術文庫キンドル版)としています。

「関係」にコミットする存在、それが人間であると、「人間」を再定義しているキルケゴールですが、この場合、具体的には「何」と「何」の関係なのでしょうか。これについては「無限性と有限性」「時間的なものと永遠なもの」の関係であることを明らかにしています。

キルケゴールは、この「関係」へのコミットの仕方こそが重要で、その積極的な統一により「自己」が完成する可能性もあれば、一方で、それが失敗したならば「絶望」の源にもなると考えました。

つまり、わかりやすくいえばこういうことです。キリスト教の信仰における死生観は、前述の通り「永遠に生きる」といった種のものです。しかしながら、私たちはいま現世で暮らしており、俗世の価値観に引っ張られる存在でもあります。無限性や永遠なものが神の次元であれば、私たちの生きている俗世は有限であり時間のリミットがあります。

キルケゴールの死生観を著者が超訳すれば、キリスト教の信仰を持つ者は、常に、神の次元と俗世の次元の葛藤の下に生きており、その質的弁証法の結果として天国への道が開かれている（永遠に生きる）ということになります。

しかし、人間は処世術を身につけて、あたかも表面的に信仰を持っているふりをすることもできます。そういった欺瞞を徹底的に排し（『死に至る病』では、世間を欺いて「信仰を持つふり」をする偽善的な名士を糾弾しています）、神の次元と俗世の次元のバランサーとして、祈りながら生きることを勧めました。キルケゴールは「絶望」を主題に、人間の「神への祈りの方法」を説いたのです。その祈りこそが、永遠の命へと通じる道だと彼は信じていたのでしょう。

死に切る——最晩年のキルケゴールの死生観

「キリスト教の死生観」→「反ヘーゲル哲学」→「絶望の概念」という3ステップを踏めば、キルケゴールの死生観をおおむね理解できたことになるでしょう。

キルケゴールの死生観とは、信じるところはキリスト教における「復活」でした。批判すべきは、人間の「生き死に」を歴史や大文字の世界といった何か他のシステムの歯車のように扱うヘーゲルの体系的な哲学であり、恐れているのは、「肉体の死」ではなく信仰の欠如（絶望）でした。

キルケゴールは、死期が近づき、死に向き合ったことにより、思想の純度が高まっていったようです。彼の死生観の結論は「世界から死に切ること」でした。

彼の日記にはこうあります。

神はこうおっしゃる。「キリスト者となること、世界から死に切ること、自分のことを憎むこと、そして私を愛することが、真剣なことであるかぎり、私は、何よりもまず、人間から生への執着を取り上げなくてはならない」

（『キェルケゴールの日記 哲学と信仰のあいだ』鈴木祐丞訳、講談社、P230）

キルケゴールにとって、この世界はあまりに過酷なものでした。「死に切る」という言葉は、彼でなければ出てこない表現でしょう。

彼は、リアルな恋愛や結婚から逃げ、イエス・キリストをロールモデルに「生きるための著作」を数多く刊行しました。しかし、それらが生前に正当な評価を受けたわけではありません。また彼の身体的な特徴をあざ笑うようなマンガを新聞に掲載され、彼は日常生活もろくに送れないような立場に追い込まれます（コルサール事件）。まるで、現代のネットの炎上事件のようですが、それでも彼は著作を発表し続けました。

そんな苦難の人生を送ったキルケゴールは街で昏倒し、病院に担ぎ込まれ、42歳で亡くなりました。彼は、入院中に見舞いに来た兄との面会を拒絶しています。家族とではなく、たった一人で、神に愛されながら死ぬ道を選んだのです。誰かに看取られて死に逝くのが幸せな最期であると、ふつうわたしたちは考えますが、キルケゴールは神と自分との関係に深い愛を感じていたため、その他の要素は邪魔だったのではないでしょうか。孤立死を恐れる人が多い日本では、理解され難い感覚かもしれません。

1855年の日記で、キルケゴールは次のようにしたためました。

けれども神は愛なのである、無限の愛なのである。しかし、神は、きみが死につつある者であるときにかぎって、きみのことを愛されるのである。とはいえ、永遠の苦しみを時間的なものにしてくださること、これは憐れみである。無限の、無限の憐れみなのである。（同、P232）

エヴァで読む『死に至る病』の「絶望」

日本人にはなかなか難解なキルケゴールですが、彼の思想を解くカギになりそうなのが『新世紀エヴァンゲリオン』の第16話「死に至る病、そして」です。

ストーリーはこんな感じです。主人公のシンジは、謎の巨大な人造人間（エヴァ）に乗って、これまた謎の敵・使徒と戦う設定の中で物語が進んでいくのですが、第16話になると、球体の敵（使徒）の中にエヴァごと主人公が取り込まれてしまうという展開になります。

主人公は肉体を失い、闘うモチベーションも失い、どう考えても絶望的な状況（キルケゴール的には「絶望して自分自身であろうと欲しない絶望」）となります。キルケゴールの「死に至る病」とはすなわち「絶望」のことですから、ここでタイトルの伏線は回収されることになります。しかし、シンジは、敵の腹の中に呑み込まれながらも「亡き母親の幻影」によって生きる気力を取り戻します。主人公の精神とシンクロさせたエヴァにエネルギーが満ちあふれ、内側から敵の体を破ります。

このアニメの設定では、主人公の精神状態は搭乗しているエヴァに反映されるので、主人公が生きる気力を取り戻せば、エヴァはまた起動するというシステムなのです。そして主人公は復活します。死の淵からよみがえった主人公を迎えてくれるミサトさんという女性の胸には、十字架のネックレスが揺れています。

1990年代に巻き起こった「エヴァンゲリオン読み解きブーム」を経て、国民的アニメになった本作ですが、さまざまな哲学に触れる入り口としても大いに活用できます。キルケゴールのようなキリスト教寄りの実存主義と聞くと、遠い国の難解な哲学という印象を受けがちですが、なぜ、あのエヴァンゲリオンにキルケゴールの著作『死に至る病』が引用されていたのか、そこを突破口にすると、キルケゴールの哲学はグッと身近に感じられるように思います。

第2章

永遠回帰で死なない
ニーチェ
対
無意味な生を終わらせる死
ショーペンハウアー

ニーチェ

1844 ⬇ 1900

ドイツの哲学者。牧師の息子として生まれる。古典文献学の研究者として異例の若さでバーゼル大学の教授となる。永遠回帰や超人思想に基づく作品を書き続ける。

ニーチェの死生観「永遠回帰」とは何か

ニーチェはキリスト教の価値観と死生観を根底から覆し、新しい価値を創造しようと、円環する死生観を提示しました。それが「永遠回帰」です。これは第1章で取り上げたキリスト教の死生観に忠実なキルケゴールと比較するとわかりやすいでしょう。

円環というと丸い輪をイメージするかもしれませんが、永遠回帰とは、「生まれ変わって新しい生をやり直す」という意味ではありません。いま現在の経験は、過去においても同じ自分が同じ環境で同じ出来事を経験したものであり、未来においてもそれを経験し続けるという、ある種の無間地獄のような死生観なのです。

実のところ、このニーチェの死生観は、完全なるオリジナルではありません。永遠回帰という「円環モデル」の死生観（世界観）は、古代の哲学者ヘラクレイトス（BC540〜480）が説いていました。ニーチェは永遠回帰の思想について、「湖畔の岩のそばで閃《ひらめ》いた」と証言していますが、先人たちの思想からの影響は否定できないでしょう。

同じく、本章のもう一人の主人公、ドイツの哲学者ショーペンハウアー（1788〜1860）からも、そのニヒリスティック（虚無的）な死生観に多大な影響を受けています。とはいえ、「永遠回帰」を説いた著作、ゾロアスター教の開祖の名を冠した『ツァラトゥストラ』では、「超人」という理想の人間像を掲げ、アグレッシブな姿勢でニヒリズムを克服しようとしたことにニーチェのオリジナリティがあります。

映像作品でわかる永遠回帰

ニーチェの独創性は、彼の死後、どのような形で継承されているでしょうか？

それは哲学というジャンルではなく、映像制作の方向性に活用されていると著者は考えています。と言いますのも、かつて映画評を連載（「中外日報」2014〜2018年）していたときに、「この映画のプロットはニーチェの思想がモデルになっているな」と確信を持つ何本かの映像に出会ったからです。ここでは、ニーチェの思想として最も有名な「永遠回帰」を理解する手慣らしとなる映像作品を6本ピックアップします。

なお、サブカルチャー作品によく見られる、ごく短い一定期間、たとえば24時間の出来事を繰り返すパターンや、夏休みを何度も繰り返すパターンの学園ものアニメなど、俗に言う「ループもの」は、構造上似たようなものに見えますが、人生そのものを繰り返すという永遠回帰の思想とは異なるため、ここでは取り上げません。

①1968年『二〇〇一年宇宙の旅』（映画／監督スタンリー・キューブリック）
②1980年『シャイニング』（映画／監督スタンリー・キューブリック）
③2003年『マトリックス　リローデッド』（映画／監督ウォシャウスキー兄弟）
④2014年『LUCY』（映画／監督リュック・ベッソン）
⑤2014年『インターステラー』（映画／監督クリストファー・ノーラン）
⑥2017年『ツイン・ピークス　The Return』（ドラマ／監督デイヴィッド・リンチ）

この6作品を観ると、「永遠回帰」を成立させるためのロジックが、作家ごとに微妙にズレていることがわかります。

①は、「時空を超えた部屋」を設定することで、永遠回帰を成立させます。宇宙の果てにたどり着いた宇宙飛行士が、何か超越的な力によって「特別な部屋（待合室のような場所）」に転送され、そこで老人となり、石碑モノリスの力によって赤ちゃんのような魂に変体し、

時空を超えて地球に帰還するというストーリーです。これが永遠回帰の物語であることは、リヒャルト・シュトラウス作曲の交響詩『ツァラトゥストラはかく語りき』が使われていることからわかります。

②は①と同じ監督の作品で、永遠回帰をモデルにしていますが、①よりも、②の方がその構造は複雑です。自殺した主人公が過去に転生するという仕掛けで永遠回帰が成立します（②の詳細は8章にて）。①と②はニーチェの思想をなぞるものですが、③では、ニーチェの思想を一歩前に進めていると考えられます。中盤には、「人間からエネルギーを搾取するために幻想の世界を構築している設計者」と「救世主」と呼ばれる主人公ネオが対決するシーンがあります。ここで「さまざまなパターンの救世主の行動」が複数のモニターに投影されます。ニーチェの永遠回帰は「まったく同じ人生を繰り返す」ことを前提としていますが、ネオの場合は、「おおよそ同じだけれども、微妙にズレている」というパターンで永遠回帰を繰り返していることが、このモニターのシーンから見えてきます。そして永遠回帰のパターンに最終的な大きなズレをもたらすのは、イレギュラーな「恋愛」でした。これはニーチェの永遠回帰のモデルを肯定しつつ、それを超えるものです。ニーチェの場合は、想い人サロメとの恋愛に挫折する人生が永遠回帰するとしても、その人生を愛するというものでしたが、ネオの場合、恋愛がうまくいってしまったため永遠回帰のパタ

ーンから、ついに離れます。なお、③は仮想世界が舞台ですが、私たちの現実世界のメタファーとして解釈してみると理解が早いです。

④『LUCY』に関しては、腹部につめこまれた新種のドラッグが破裂するという事故により、偶然超人的な力を手に入れたヒロインが、人体の形すらとどめないほどにトランスフォームし、時空を超えて猿人と接触することで人類史をスタートさせます。①の永遠回帰に近いタイプです。

⑤の人類を滅亡の危機から救い出すヒューマンSF映画『インターステラー』は並行宇宙を可視化することによって、永遠回帰のバリエーションを見せていきます。そのバリエーションの中から、「重力」を通じて、一つの宇宙に干渉することで希望のある未来へと移行します。

⑥の『ツイン・ピークスThe Return』は、①の「時空を超える部屋（待合室）」の設定を踏襲していますが、①と決定的に異なるのは、この作品が多元宇宙を想定し、そこから複数の時空が枝分かれし、さらに主人公自身も複数のパターンに枝分かれする、という点にあります。

以上、六つの作品を見てきましたが、実際に映像を観なければ、わかりにくいかもしれません。永遠回帰の入門としてぜひ、ご覧になってください。

キリスト教の時間軸とニーチェ

キルケゴールが絶対的な価値とした神や天国は、ニーチェの円環モデルでは蚊帳の外に置かれ、死後に神のもとに召されるという伝統的なキリスト教の物語は機能しなくなります。

伝統的なキリスト教の死生観をイラストで見てみましょう（次ページ）。

第1章でも説明したように、キリストの力で墓からよみがえったラザロ。そして、霊の体として復活したキリストのエピソード（磔刑の3日後に復活する）は、「キリストを信じる者は遠い将来にこうなるよ」という予告と解釈できます。『ヨハネの黙示録』における、キリストの復活の延長線上にヨハネの預言（「ラッパの合図以降、いまの世界が滅び、千年王国の建設を経て、新しい天地が開かれる」）を加えると、イラストのような時間軸になるでしょう。

キリスト教の死生観は信者の復活と、千年王国ののちに人類が再び裁かれることを前提としています。

しかし、ニーチェはこれらの物語や預言をすべて否定するのです。

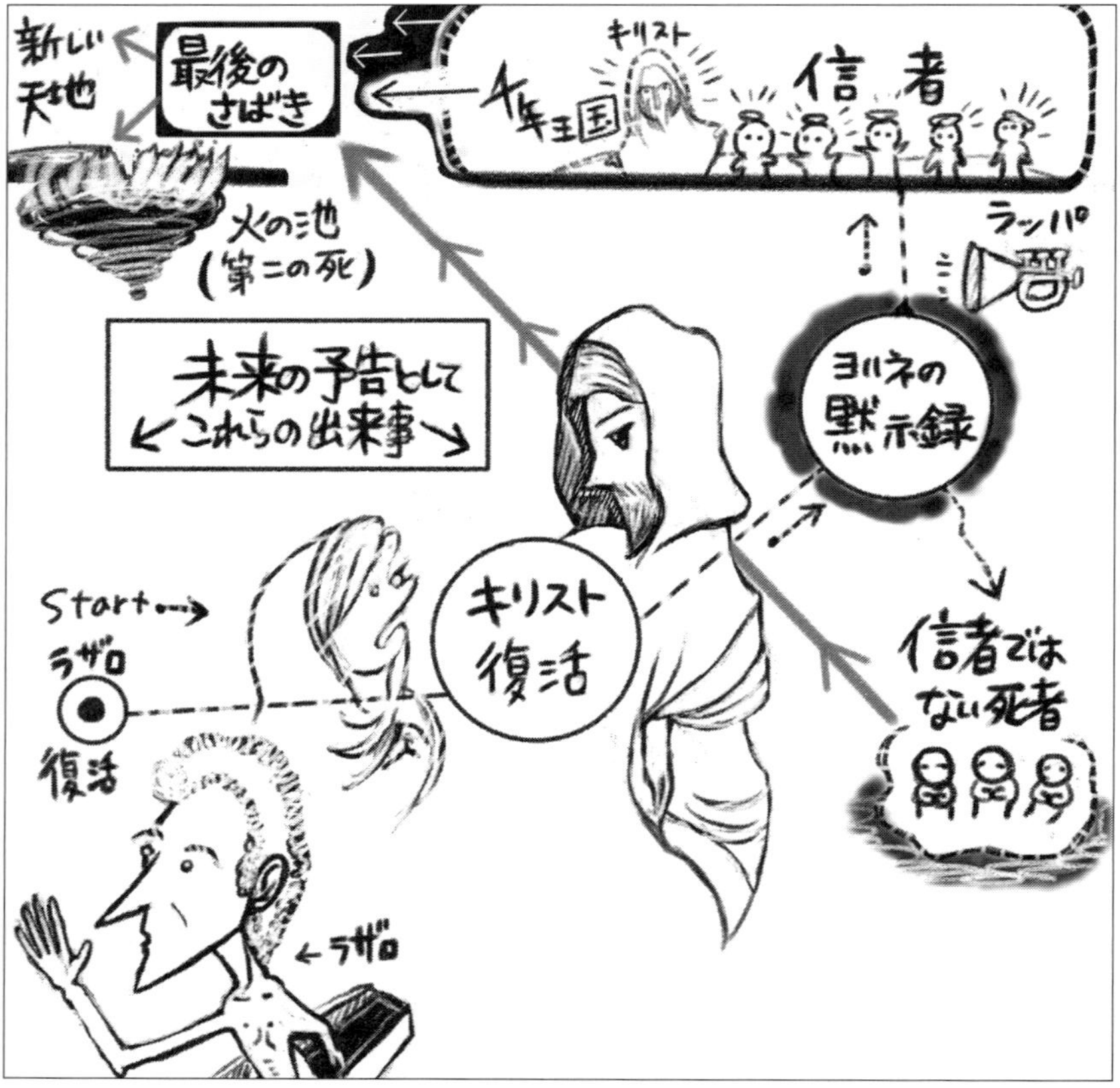
新しい天地
最後のさばき
キリスト
千年王国
信者
火の池
(第二の死)
ラッパ
未来の予告として
←これらの出来事→
ヨハネの黙示録
Start
ラザロ
復活
キリスト復活
信者ではない死者
←ラザロ

キリスト教の時間軸

『ツァラトゥストラ』と『聖書』を読み比べる

ニーチェはキリスト教の死生に関する〝物語〟を、どのように書き換えたのか？　これは聖書とニーチェの著作を読み比べてみると、ニーチェが「意識的に」聖書の教えを換骨《かんこつ》奪胎《だったい》していることがわかります。

もちろん君たちは、小さな子どものようにならなければ、あの天国には行けない（そしてツァラトゥストラは両手で頭上をさした）。
だが俺たちは天国なんかに行こうとは思わない。俺たちは大人になったんだ。——だから俺たちが望むのは地上の国なのだ。
（『ツァラトゥストラ・下』丘沢静也訳、光文社古典新訳文庫キンドル版）

この箇所は、おそらく聖書を読んでいないと、ニーチェがキリスト教の「何に反発したのか」がピンとこないと思います。そこで、この文言と「対」になると思われる聖書の該当部分を読んでみましょう。

はっきり言っておく。心を入れ替えて子供のようにならなければ、決して天の国に入ることは

できない。自分を低くして、この子供のようになる人が、天の国でいちばん偉いのだ。

（新共同訳『聖書』マタイによる福音書）

子どものようにならなければ天の国に入れない、という聖書の警句を突っぱね、言葉をひっくり返し、「天の国に入れなくてもいい、大人になったのだから地上の国を欲する」としたニーチェ。聖書のような聖典に反した「自分の聖典」を創作してしまうのは反抗期の子供を思わせますが、ニーチェは牧師の家系だったこともあり、それに対する反抗という側面もあったのでしょう。あるいは、ニーチェはそれくらいの「わかりやすさ」がなければ、過去の価値観はひっくりかえせないと思ったのかもしれません。

この箇所では、わざわざ聖書を持ち出してまで「子ども」を否定しているのですが、他方で『ツァラトゥストラ』の別の箇所では、人間の精神の成長過程を、ラクダ（過去の価値観の重さに耐えて歩む）→獅子（過去の価値観である竜と戦う）→幼子（自由に創造する）にたとえて描いているため、先の「大人宣言」は矛盾を孕むようにも感じます。

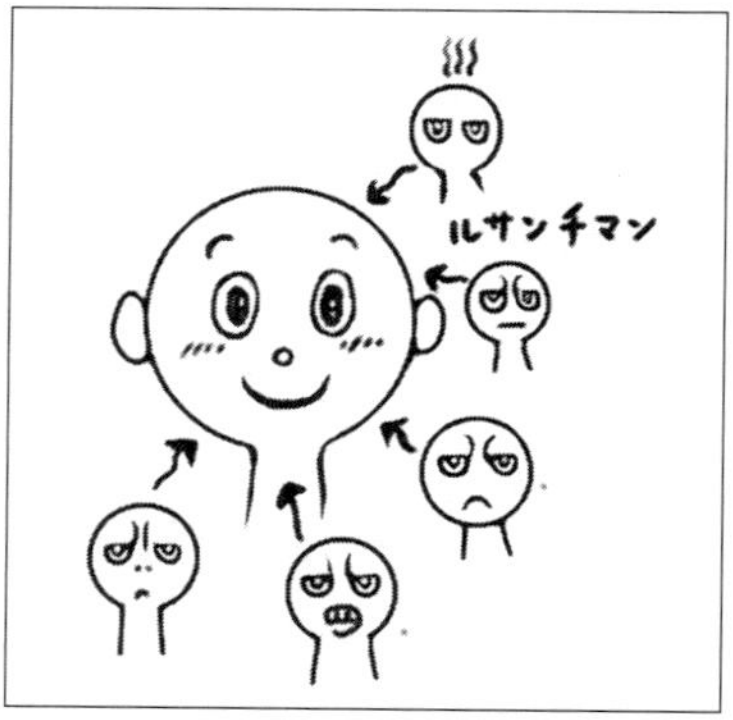

この矛盾をどう考えるべきでしょうか。著者の推論では、ニーチェの肯定する「子ども」は、心の中に子どものような遊び心を住まわせている老成した仙人の「内なる子ども」であり、聖書の「子ども」は、父母に反抗できない無力な存在だと考えます。

これらを「死生観」という視点で整理すると、キリスト教では、なすすべもなく謙虚な子どものような者が天国へ行く。対して、ニーチェは子どもではなく大人（ただし子どものような創造性を持つ大人）になって永遠に現世を生きる、ということになります。

「天国」とルサンチマンの関係とは

では、なぜニーチェは「天国」を否定したのでしょうか？

それは、キリスト教の天国が、私たちが生きているこの世のルサンチマン（嫉妬）と深く結びついている、と考えたからではないでしょうか。天国と嫉妬？　それがどういう関係にあるのかと思う人も多いでしょう。

実は「嫉妬」は、「異世界や異次元」と親和性があります。たとえば、これは民俗学的な話ですが、昔の日本では、集落の中で一軒だけ景気がよいと「あいつの家にはキツネ（実在の動物ではなく霊的存在としてのキツネ）が憑《つ》いている」などと噂されました。つまり、狭い社会の中で抜きん出た者が現れると、現世の論理だけではそれに対する周囲のねたみやそねみを処理しきれなくなり、「キツネ」に責任転嫁してしまうわけです。それによって、ようやく狭いムラという社会が回っていくのです（小松和彦『異人論　民俗社会の心』ちくま学芸文庫）。

この論理を、今度はキリスト教の社会に置き換えてみましょう。

聖書には「金持ちが天の国に入るのは難しい」（マタイによる福音書）という有名な言葉があり、それは自分のものを貧しい人々に施すように、というすばらしい教えである一方、それを曲解する人々も多くいます。たとえば、魔女狩りは財産を持つ者がターゲットにされた事例があります。そのようなルサンチマンの温床としてのキリスト教社会を前提とすると、それは日本のムラ社会のような機序を有することになります。

そのような考え方に対して、ニーチェは「現実の背後にある世界」に責任転嫁すること（つまり嫉妬の変形）をやめて、与えられた現実を強く創造的に生きることを喚起しました。「異世界」を緩衝材に使い、弱い自分、力のない自分をなんとか納得させて日々を生きていくことは、自分を安全地帯に置いて優越感に浸る「逃げ道」にもなりかねず、そういった〝退路〟をいったん断とうとニーチェは提案したのです。

異次元Ｃの存在により、ＡからＢへのルサンチマンは巧妙に隠される

ニーチェの「神は死んだ」の意味

第1章に登場したキルケゴールは、失恋の現実や婚約破棄の責任から逃げ、自分のコンプレックス克服からも逃げ、最終的には信仰の世界に逃げ込んで死にました。彼は自分のルサンチマンを自覚しないまま、死の瞬間まで逃避を続けたのです。キルケゴールにとっては、それこそがキリストへの愛であり、信仰によってあがなわれた行為だということでしょうが、ニーチェから見れば、人間の弱さのすり替え、ごまかしにすぎないのです。

ニーチェは天国以外にも、その他さまざまな、ありとあらゆる「それまで真理とされていたもの」を破壊しました。ニーチェ以前の哲学者は、どこかに真理や究極の価値、真実、それらの総称としての「神」がいることを前提に哲学を展開しました。ニーチェにとって、それらはすべて古臭い価値観でしかありません。それらを総括して、ニーチェは「神は死んだ」という宣言をしたのです。

ただし、これはニーチェがただ一人で切り拓いた獣道《けものみち》というわけではないようです。ニーチェ研究者の清水真木は、19世紀後半のヨーロッパでは、キリスト教信仰に対するこのような懐疑的な態度は、すでにそれ自体としては珍しいものではなく、ニーチェの死生観は社会に衝撃を与えるような性質のものではなかったと指摘しています（清水真木『ニーチェ入門』ちくま学芸文庫、P29)。ニーチェが新しい時代を切り拓いたという側面ももちろんありますが、その一方で、当時のヨーロッパの時代の空気を敏感に察知していたという面も否定できません。

「神は死んだ」はどのように書かれているか

しかし、ニーチェの代表的なフレーズ「神は死んだ」については、フレーズだけが一人歩きしている面もあって、実際、著書の中では、どのような文脈でそれが語られているかを確認した人は、意外に少ないのではないかと思います。じっくりと著作を読んでみれば、単に従来の価値観の破壊、といった意味とは違った側面が見えてきます。

そもそも、『ツァラトゥストラ』で描かれている「神の死」の場面は複数あります。まず、多くの神々のうち一人の神が「自分だけが神だ」と宣言したために、他の古い神々が「笑い死に」してしまった、という描写が出てきます。

古い神々の問題は、とっくの昔に片がついた。――じっさい、楽しい、いい最期だった！神々は「黄昏れて」死んだんじゃない。――それは嘘だ！ 神々が死んだのは、むしろ――笑いすぎたからだ！

それは、神をも畏れぬ言葉を、ひとりの神が発したときのことだ。——「神はただひとりなり！　私以外の神をもってはならん！」と言ったのだ。——

（『ツァラトゥストラ・下』丘沢静也訳、光文社古典新訳文庫キンドル版）

これは、一神教の神の登場による多神教の神々の〝抹殺〟を説いています。

次の神の死の描写は、老いた法王が証言したとする「人間に対する同情を喉に詰まらせ」て神が死んだ、というものです。こうなると、一つの事件について、複数の目撃者たちがバラバラの証言をする探偵小説のような感じですが、読者の私たちは名探偵になったつもりでニーチェの真意を確かめなくてはなりません。

神は、東洋からやってきた。若かったとき、苛酷で、復讐心が強かった。自分のお気に入りを楽しませるために、地獄をつくった。

しかし、とうとう神も年を取り、柔軟になり、もろくなり、同情深くなった。父親というよりは祖父に似てきた。いや、よぼよぼの婆さんになった祖母に一番よく似てきた。

しおれて、暖炉のある片隅にすわり、足腰が弱くなったと愚痴を言い、この世にうんざりし、意欲も衰え、ある日、同情の大きな塊を喉に詰まらせて死んだ」——

（同）

どうやら、「同情の大きな塊を喉に詰まらせて死んだ」という神と、先の「笑い死にした神」は違う神のようです。さらには、醜い人間を目撃した神が、それに耐えられず死んだという異説も出てきて驚かされます。

「お前の正体、わかっているぞ」と、ツァラトゥストラは青銅のような声で言った。「お前が神を殺したんだ！　さ、行かせてくれ。

お前は、お前を見た者に耐えられなかった。――もっとも醜い人間であるお前を、神はいつも、底の底まで見通していた！　そういう目撃者にお前は復讐したんだ！」（同）

「醜い人間」を見たことで神は死んでしまった、ということになっています。しかし、この説は「ツァラトゥストラの影であるさすらい人」によって否定されます。

「……古い神は生き返ってます。おお、ツァラトゥストラ、好きなことを気のすむまで言ってください。

それは、もっとも醜い人間のせいなんです。あいつが古い神をよみがえらせた。あいつは自

分で神を殺したと言ってますが、神々の場合、死んだといっても、いつも早合点にすぎない」（同）

以上の「神の死」の証言を整理して、名探偵のように推理してみましょう。

ギリシャ的な多神教の神々は一度は笑い死にしたが、「醜い人間」によって復活しており、反対に、東洋出身の地獄を創造したという神は老化と同情によって死んでしまった、ということになるでしょう。

ニーチェは、一神教の終わりと多神教的な価値観の復活を目論んでいたようで、その主義主張を物語の中にまるで暗号のように散在させています。ですから、よく知られている「神は死んだ」という言葉は真理の破壊のみならず、多神教的価値観の復活と解釈したほうが『ツァラトゥストラ』は理解しやすいのです。ニーチェの能動的なニヒリズムは、信仰の破壊とその後の荒野というイメージを想起しやすいかもしれませんが、忘れ去られた豊穣な大地を耕して育て直そうとした、と解釈すべきでしょう。そしてそういった解釈をすれば、ニーチェと日本人の宗教観の相性のよさの謎も解けます。

たびたび「ニーチェ・ブーム」が起こる日本の不思議

日本には、仏教伝来の前から八百万《やおよろず》の神々への信仰がありましたから、一神教（キリスト教）の「あの世観」がなかなか理解できません。実存主義の祖・キルケゴールが、日本ではあまりメジャーにならない理由もそこにあると思います。

その一方で、「ゆるい感じ」のニーチェ・ブームが、日本ではしばしば起こります。その理由は、日本の多神教的な土壌があるからでしょう。それが先述のニーチェが望んだ「古い神々の復活」と相性がよいのです。しかし、こうしたブームを手放しに賞賛できるかといえば、疑問も残ります。少なくとも近年のブームを見れば、ほとんどは「名言集」が乱造されただけで終わってしまうからです。全集版の購読者が増え、定期的な読書会があちらこちらで開催される、というような本格的なブームにはなかなか至りません。

『ツァラトゥストラ』だけを例にとっても、通読される機会は少なく、名言集の中のフレーズとして読む人が多数派だと思います。しかし、『ツァラトゥストラ』には、先述の「神の死因」のように、さまざまなトリックが仕掛けられており、前言撤回のシーンも出てきますから、順序を意識して、一連の物語として読まなければ著者の真意はつかめません。旅の過程の一コマ一コマを切り取ってバラバラに貼り付けても意味はないのです。

『ツァラトゥストラ』のストーリーは、主人公のツァラトゥストラが山に引きこもるシーンから始まります。主人公は10年間も山に引きこもっているうちに、「真理」を会得したらしく、山を下りて旅をしながらさらに思想を磨き、それを人々に説く長い旅に出ます。旅の途中でさまざまな人に出会い、閃きを得ていく主人公。この主人公は、いっそニーチェの化身と考えてもかまわないでしょう。ニーチェは同書の巻頭に「万人のための本で、同時に、誰のためでもない本」と記しています。

多神教の宗教観と永遠回帰という死生観を、わたしたちはどう咀嚼すればいいのか。ニーチェがある種の権威となった現在では、このニーチェの死生観をも打ち倒さねばならないと思います。権威と闘う姿勢を理想的な人間像としたニーチェも、それを望んでいると思います。

永遠回帰を生き直す超人

永遠回帰がもし本当にあるとすれば、まさに無間地獄の世界だと思います。それでも「その運命を愛する」と言ったのがニーチェなのです。誰もが、それぞれのかけがえのない人生を生きています。その人生では、後悔したり、絶望したり、不本意な境遇に陥ることもあります（そのまた逆も）。

ニーチェが理想とする人間を克服した人間像＝「超人」とは、かけがえのない自分の人生を、たとえもう一度よみがえっても同じように愛し、同じような姿勢で生き抜くという強さを持つ人のことを指します。それは、判で押したような日々を惰性で生きるということではなく、何度でも、この過酷な人生を生きてやるといった、運命を愛する人のことを言うのです。そのように考えれば、死への恐怖も、死そのものも、ニーチェの死生観の中では単なる円環するプロセスの通過点にすぎない、ということになります。

ショーペンハウアー
1788➡1860

ドイツの哲学者。ダンツィヒの豪商の一人息子として生まれる。世界の根源は、非合理的な生への意志であるとされ、「苦の世界」は意志の消滅によって救済されるとした(『岩波哲学・思想事典』)。

ニーチェに多大な影響を与えたショーペンハウアー

物語風の哲学書『ツァラトゥストラ』で、一神教の神の存在を消してしまい、新たな死生観のモデルを構築しようとしたニーチェですが、実は、冒頭で少し触れたある哲学者の存在が大きなインスピレーションになっています。ニーチェが湖畔で思いついたとされる永遠回帰の原型を、ニーチェが夢中になって読んだというショーペンハウアーの著作『意志と表象としての世界』(中公クラシックス)の中に見出すことができるのです。

以下では、ショーペンハウアーの思想を確認しましょう。

ショーペンハウアーは、「生きていること」「意識があること」自体を否定的に捉える、極めてネガティブな哲学者です。それに対して、ニーチェは生きていることをとことん肯定し、それを愛することを説きますから、一見すると正反対のようにも思えます。

しかし、円環の世界観設計は共通しており、ショーペンハウアーが示した「円」の時間観に、「永遠に円から逃れられない」という追加設定を加えて劇場型にするとニーチェの世界観（永遠回帰）が成立します。

では、両者の著作から、共通する部分を具体的に見てみましょう。

われわれは時間を果てしなく回転する円になぞらえることができる。つねに下に向かっていく半円は過去で、上に向かっていく半円は未来ということになろう。その頂点の接線の触れる一点は、分割することもできず大きさももたないが、それが現在であろう。

（『意志と表象としての世界II』西尾幹二訳、中公クラシックスキンドル版）

このセリフは『ツァラトゥストラ』第三部の「まぼろしと謎について」と呼応しています。

この瞬間を！　瞬間という名のこの門道から、永遠に長い道が後ろ向きにつづいている。後

ろにあるのは永遠だ。
走ることができるものはすべて、すでにこの道を走ったにちがいないだろ？　起こることができるものはすべて、すでに起き、実行され、通過したにちがいないんじゃないか？（中略）
――そしてまた、戻ってくるにちがいないんじゃないか？　向こう側に、もうひとつ道が見えるが、その恐ろしい道を走って、――くり返し永遠に戻ってくるにちがいないんじゃないか？

（『ツァラトゥストラ・下』丘沢静也訳、光文社古典新訳文庫キンドル版）

時間の捉え方に関しては、このように両者は重なるところが大きいため、ニーチェとショーペンハウアーの違いは、円環の時間モデルに対して、「後ろ向きか」「前向きか」という気持ちのありようにあります。ショーペンハウアーの思想を簡潔に説明すると、「この世界には何の意味もない」ということになり、その何の意味もない「苦の世界」から脱する唯一の道筋とされるのが「意志の消滅」でした。一方でニーチェは、もし仮に人生が「苦のみ」だとしても、それを愛するという積極性を見せます。
人生をテレビゲームにたとえるのは不謹慎かもしれませんが、ショーペンハウアーの場合は、ゲームを始めてみたら難易度の高い苦痛なものだったので、ゲームを放棄するだけでなく、ゲーム機を本体ごと燃やしてしまうタイプと言えるかもしれません。

他方、ニーチェは「ああ、このゲームは苦行のような内容だな」と思いながらも、そのゲームを愛し、ついにはゲームをクリアして、またまったく同じゲームソフトを攻略し始めるタイプのプレーヤー、ということになるでしょう。

……どの人間も、つねに目的と動機とをそなえ、それに従って自分の行動を導き、自分の個々の行動について常時、弁明することを心得ているのに、しかしいったん彼に、そもそも何故なにかを意志しているのか、あるいは、そもそも何故存在しようと欲しているのかと問うたなら、彼はなんの答えももたないだろう。（中略）

……努力や願望はいったん達成されてしまうと、はじめの努力や願望とはもはや似ても似つかぬものに見えてくるため、間もなく忘れ去られ、古着のようにぬぎ捨てられ、実際にはいつでも、公然とではないにしても、あれは一時の錯覚であったとして脇へよけられてしまうものである。

（『意志と表象としての世界Ⅰ』西尾幹二訳、中公クラシックスキンドル版）

ショーペンハウアーは、人生には何か目標があるように見えたとしても、それは単なる錯覚にすぎず、ホイール（ねずみ回し）を回し続けるハムスターのようなものであると説きました。ホイールに飽きると、そこには、ただただ意味のない虚無が広がるだけ。苦行にはいかなる意味もなく、何かが達成されたと思っても、それは錯覚であったというのが人生であると考え、そのローテーションにも「停滞」が来てしまうと、「死にたい思いにさせるほどのもの憂さ」がくるとショーペンハウアーは指摘します。

ショーペンハウアーと現代の手帳ブーム

ショーペンハウアーの死生観を、現在の日本のトレンドに照らし合わせて考えるならば、近年の「手帳ブーム」とも重なるところがあります。手帳に夢中な人たちは、「もの憂さ」に衣の裾をつかまれるのが怖いのか、次から次へと細かい目標を立てて手帳に予定を記入し、片っ端からそれを叶えようとします。なかには「死ぬまでにしたいことリスト」を書き並べるためだけの手帳まで発売されていて、彼ら手帳マニアの人生の目的そのものが、手帳の予定リストを消化することと重なります。

キリスト教や世界観の哲学、あるいは革命的な思想などの「大きな物語」が解体され、極私的な「小さな物語」をつなぎ合わせるように編まなければならなくなった現代人が、なんとか生きるモチベーションを保つためには、聖書の代わりに、聖書のように分厚い手帳が必要になってしまったのです。

実際、聖書とそっくりの判型や紙質の手帳が発売され、それを1日1枚、手書きで強迫的に埋めていくことで、自分の人生は充実しているのだと自分に言い聞かせながら生きている人は、驚くほど多いように思います。

そして、その人たちのために、さまざまな手帳の書き方を提案するカリスマが何人も生まれています。彼らは手帳の使い方を事細かに指南します。その主張は、おおよそ以下のような流れになっています。

「個人の願望の掘り起こし」↓「願望を言語化する、もしくはヴィジョンとして絵に描いたり、写真を探したりする」↓「それを手帳に整理して、具体的なスケジュールに落とし込む」↓「夢が叶ったら印をつけたり、自分にご褒美を与えるスケジュールを入れる」

このように、人生とは、次から次へと願望を見つけ、それらを短期的もしくは中・長期的に消化していくものだとすれば、この世に「究極の目的」など存在しないことになります。生きたいという意志が消えれば、その無意味なサイクルも終わることになり、むしろそのような意味のない人類はいなくてもいい、ということにもなりかねません。ともすれば紙一重の危険な思想ですが、それがショーペンハウアーの死生観なのです。

それに対し、ニーチェは、人生という名の手帳の片隅に、ほんの一行だけでも心の煌《きら》めく思い出を書くことができたのであれば、人生全体を「よし」とすることができる強いメンタルの持ち主でした。ニーチェの「心煌めく思い出」とは、片想いの女性ルー・ザロメその人ではなかったかと、著者は考えています。

ショーペンハウアーが死について語ったこと

ショーペンハウアーは、どこまでも生に否定的な思想の持ち主ですが、死そのものに対してはどのように考えたのでしょうか。彼は「死そのもの」と「死への恐怖」を区別し、後者は認識の力によって克服できると述べています。

死の恐怖という錯覚は、ひょっとしたら自分はいつか現在を喪失することになるかもしれぬといったような、いわれのない恐怖を人間にたきつけ、現在というものを含まぬ時間があたかもあるかのように見せかける錯覚にほかならないのである。

（『意志と表象としての世界II』西尾幹二訳、中公クラシックスキンドル版）

わたしたちは「死」をイメージする時、つい感傷的になってしまい、自らの死の前後の出来事におののいてしまい、本質を見失いがちです。すべての幻影や錯覚を取り除き、はては世界や人生からも意味を剥奪してしまった悲観主義者ショーペンハウアーの哲学は、たしかにニーチェに大きな影響を与えましたし、この二人には共通する部分もあります。

が、同時に、二人を比較することで、ニーチェにあってショーペンハウアーにないものがはっきりします。

繰り返し述べているように、ショーペンハウアーの「円環モデル」とニーチェの永遠回帰は重なる点が多々あります。決してニーチェのオリジナルではないことは先に指摘した通りです。しかし、この世界を無意味なものとして唾棄する（ショーペンハウアー）か、どこまでも受け入れて愛する（ニーチェ）か、そこが彼らの大きな違いです。

彼らの死生観も、このような世界のモデルに準じるものです。無意味な世界の救済として「死」を捉えたショーペンハウアー。無意味な世界の中にほんの一片の悦びを見出して、オセロゲームのように「無意味」を「運命愛」に転じたニーチェ。両者を比較してみると、著者はニーチェの強さと純粋さに惹かれます。

第3章

イデア論という理想世界へ臨む
プラトン
対
終活の元祖
ソクラテス

プラトン

BC428(427) ➡ 348(347)

古代ギリシャの哲学者。「西洋哲学の原点」とされ、イデア論を展開した。多くの著作には、師ソクラテスが登場する。

西洋哲学の始源プラトンの「イデア」

第2章では、ニーチェは現世を肯定し、ショーペンハウアーは否定したということを確認しました。この二人の哲学者の違いを、さらに根本的に追究するとたどり着くものがあります。それは、西洋哲学の始源とも言える「イデア論」に対する態度の違いなのです。

イデアとは、ギリシア語の「見る」という意味の動詞の変化形で「見えているもの」「形」「姿」を意味します(日常語としても使われる「アイデア」の語源でもあります)。ただし、そのままの意味で哲学用語として使っていたのではなく、のちにその哲学的な意味が固定したという経緯があります。プラトンが思い描いていた「イデア」とは何かといった疑問がわいてきます。

イデアについて、哲学事典では「それぞれがまさにそれであるところのものそのもの」（『岩波哲学・思想事典』）と説明としています。「本質的な真実の存在」ということになるでしょう。

イデアだけが集まるイデアの故郷「イデア界」というものが、あるのか、ないのかについて、ショーペンハウアーは「本質的な世界＝イデア界」が存在すると信じており、イデア界の仮象にすぎない個体の死を、それほど重視しませんでした。彼は、理想的な死生観を示した先哲として、意外なことに中世哲学者のジョルダーノ・ブルーノ（第10章）の名前を挙げています。

一方でニーチェは、死を蚊帳《かや》の外に追いやり、個体がひたすら円環の中で生き続ける「永遠回帰」という死生観にこだわりました。彼はイデア界のような現実の背後にあるとされる世界は想定していません。ショーペンハウアーのようにイデア界を肯定的に見ると、現実的な肉体は副次的な存在となり、あまり重要ではなくなります。それに対してニーチェは、現実の肉体、身体性を全肯定したのです。

映画『インスタント沼』の完璧な折れ釘

「イデア」とは、哲学的な意味では、単なる姿・形を超えた「本質的な、真実の存在」を指すのですが、それはいったいどんなものなのでしょうか。

ここでは、次の方法で「本質的な、真実の存在」をつかんでみましょう。

まず、私たちの目の前の現実を直視しましょう。たとえば、あなたの目の前にある机は「完璧な机」ですか？（何をもって「完璧」とするかという問題がありますが、そこは深く問いません）。おそらく、そうではないと思います。傷や汚れや素材のチープさといった点が目につくと思います。そうしたさまざまな点が気になり始めたら、キリがありません。そう、「完璧」なものはこの世のどこにもないのです。多かれ少なかれ、物事には「残念さ」が呪いのようにまとわりついています。

では次に、「完璧なものしかない世界」を想像してみてください。そこには、非の打ち

所のない完璧な机があり、その前には完璧な椅子がセッティングされ、そこに座るのは、ニキビもシミもない完璧に美しい人間。そんな理想の世界をイメージしてみるのです。

ところが、美しい存在ばかりがイデア界の存在とは限りません。たとえば、三木聡監督の映画『インスタント沼』（２００９年）には、ヒロインが子どもの頃に見つけた「完璧な折れ釘（サビ具合も折れ方も理想的な釘）」が登場し、この釘の完璧さが「わかるか、わからないか」が、ヒロインの友人選択の判断基準になっています。イデア界には、完璧な折れていない釘もあれば、折れた釘の完璧さもあるというわけです。

前提としてイデア界（理想的な、完璧な世界）が存在するからこそ、「理想の折れ釘」の観念を他者と共有することができるのです。このたとえは、とてもわかりやすいと思います。「折れ釘」にも理

想の姿がある、というわけです。つまり、物事にはそれぞれに完璧な理想の姿があり、その完璧な雛形が存在する世界がイデア界となります。

次に、イデアの集合する世界が、現実の世界とは別次元に存在すると仮定してみましょう。究極的な存在や真実としてのイデア界が上位にあり、現実はその劣化コピーである、という序列ができます。

それによって、「死」の意味も大きく変わってきます。ショーペンハウアーの極めて厭《えん》世《せい》的な死生観（第2章）は、やはりイデア論を基軸にしていたからこそ生まれてきた思想であることがわかります。イデアに重きを置きすぎると、現実世界での死は、まるでコピーミスした用紙を回収するかのように軽くなってしまいます。

イデアを描いたベストセラー『ソフィーの世界』

もう少しわかりやすく考えてみましょう。いまやライトノベルのジャンルでは、「異世界に転生」系のものや「異世界から落ちてきた完璧な美少女」系のものが定番になっています。我々が住む残念な現実とは別に、イデアの世界が別の次元に存在するに違いないという信念が、思春期につきものの挫折やアイデンティティの危機からの逃避と相性がいいからかもしれません。

ライトノベルとイデア論の相性がいいならば、イデアの世界と現実をクロスオーバーさせたファンタジー小説があれば面白そうだと思われるかもしれませんが、それはもうすでに出版されています。1990年代に世界的ベストセラーになった、ヨースタイン・ゴルデルの『ソフィーの世界』(須田朗監修、池田香代子訳、NHK出版)です。

「イデアの世界」に住んでいる少女ソフィーが、現実世界の自分の分身と出会うというストーリーで、その過程でさまざまな哲学者の思想に触れることができる「哲学ファンタジー小説」です。イデア界の住人ソフィーは、「死なない」存在ですが、その現実界バージョンのヒルデは年を取り、いつか死んでしまいます。

フィクションとイデア論を、そのまま重ねてもいいのだろうかなどと詮索し始めたらキリがありませんが、イデア論をイメージする際には、かなり参考になると思います。

毒杯をあおったソクラテスの死生観

それにしても、イデアの思想はどこから生まれたのでしょう。

我々は単なる影であり、本質の世界がどこか別の次元に普遍的に存在するというイデアの考え方は、ソクラテスの弟子プラトンの思想なのです。プラトンは大半の著作でソクラテスを主人公にしていますから、やっかいなのですが、ソクラテスは著作を遺していないため、ソクラテスとプラトンの思想の明確な境界線は、実はよくわかっていません。

ソクラテスが「無知の知＝人間は何も知らないということ、それに気づくことが大切だ」と説いたのに対し、プラトンはイデア論という「真実の世界＝この世界とは別の真実の世界がある」と説いたことから、二人の思想は異質なものと思われがちで、「師に反したプラトン」という文脈で語る研究者すらいます。

しかし、ソクラテスが処刑される直前に弟子たちと交わした会話を記した『パイドン』を読めば、たしかにそこにイデア論の萌芽があると感じます。プラトンの描くソクラテスが、そのままソクラテスのオリジナルである保証はありませんが……。

『パイドン』によれば、ソクラテスは、「魂の不死」を信じていました。


「生き返るということも、生者が死者から生まれるということも、死者たちの魂が存在するということも、本当に有ることなのだ」（プラトン『パイドン 魂の不死について』岩田靖夫訳、岩波文庫、P54）

「……死を受け入れないものを、われわれは何と呼ぶかね」

「不死なるもの、と呼びます」

「魂は死を受け入れないのではないか」
「受け入れません」
「それなら、魂は不死なるものだ」（同、P147）

ソクラテスはこの対話集の中で、哲学者は死後に「知恵の神の世界」に行ける旨を語っています。

「知恵の神の世界」への行き方――死の練習《レッスン》

ソクラテスによれば、人は死ぬとハデス（死者の国。「ハデス」は冥府の王の名前であるとともに、死者の国そのものも指す）に行く者と「賢い神のもと（純粋に知恵と出会える世界）に行く者」に分かれ、「哲学しているか、していないか」で死後の行く先が決まります。「不死の魂」と「知恵の神（賢い神）」の世界。これらを統合させると、おぼろげながらも、イデアの世界が見えてきます。プラトンは、師ソクラテスが死後に赴いたとする世界を想起し、そこに「イデア界」を見出した可能性も否定できません。

それにしても、ソクラテスが、あの世の分岐点に置いたのは、信仰ではなく「哲学」だったことは驚きです。自分でよく考えた者が賢い神のもとに行ける、つまり、結果的に正しいか、正しくないかではなく、自分で集中して考える練習（哲学する努力）をしたか、しなかったかが、分かれ目になるのです。

『パイドン』において、それは以下のように説明されています。

「この練習こそは正しく哲学することに他ならず、それは、また、真実に平然と死ぬことを練習することに他ならないのだ。それとも、これは死の練習ではないかね」

（同、P79）

同じく『パイドン』では、「浄らかになった者」「学を愛する者」も、神々の種族の仲間入りができると述べています。もしかすると、これはソクラテスが死の直前に、自分の死

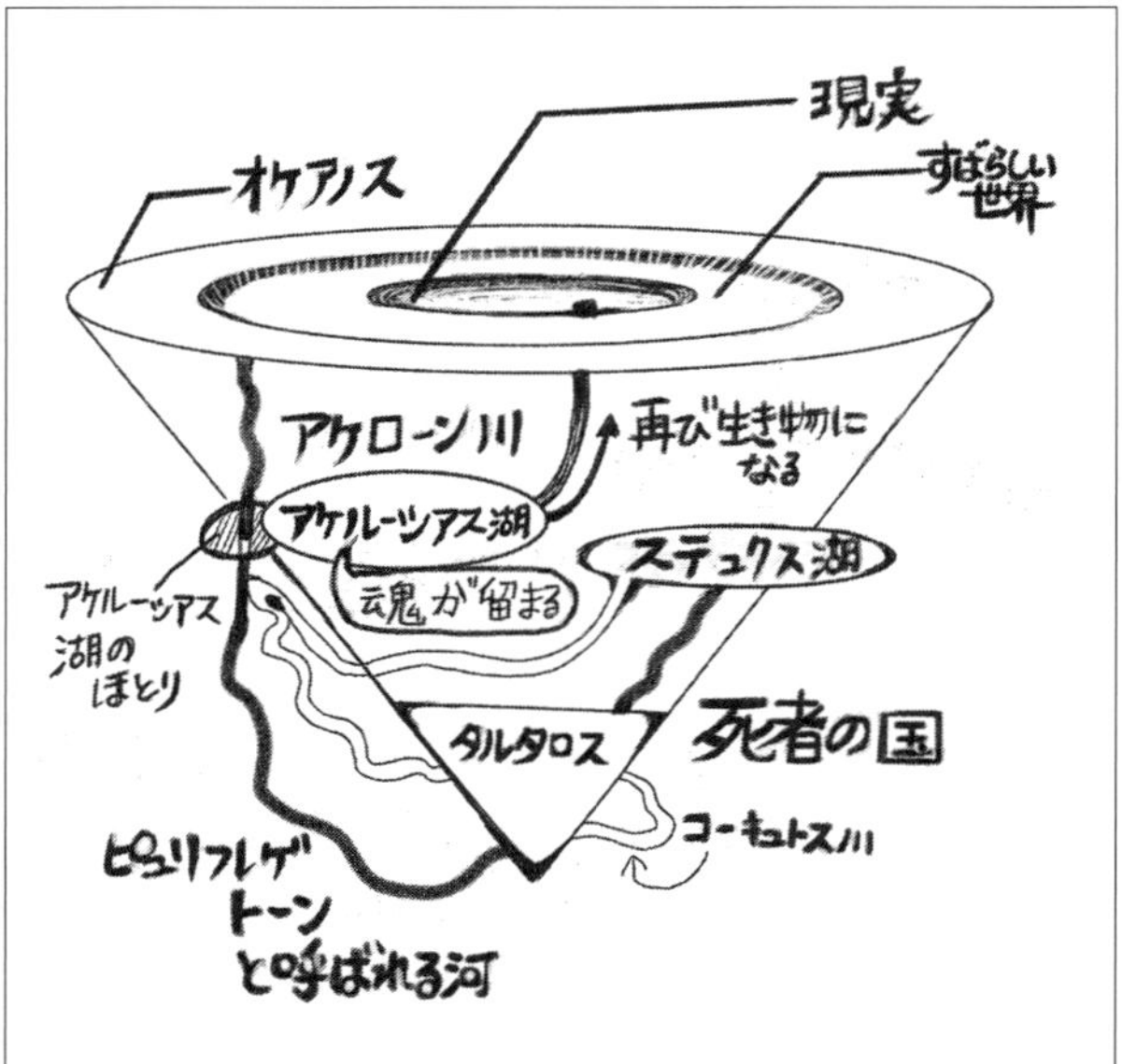

ソクラテスによる「あの世の見取り図」（プラトン『パイドン』）

後も人々が継続して哲学に励むように仕向けた壮大な仕掛けなのかもしれません。あるいは、死に往く自分へのエールという側面もあったことでしょう。

では、「知恵の神の世界」以外に、ソクラテスは死後の世界をどう考えていたのか。ソクラテスによる証言を、もっと仔細かつ具体的に見てみましょう。

右下のイラストは、『パイドン』におけるソクラテスの証言の数々を元に、著者が古代ギリシャの「あの世の見取り図」をイメージして描いたものです。

「我々は大地の窪《くぼ》み（現実）に住んでいる」「真の大地は宝石によって飾られた世界（すばらしい世界）」「最も外側にある水の流れ＝オケアノス」「アケローン川を通ってアケルーシアス湖に達する（アケルーシアス湖は死者が輪廻まで一休みする場所）」「ステュギオスという土地には恐怖の湖ステュクスが形づくられる」「遥か遠く、地下いと深き穴＝タルタロス（流動体）」「タルタロスの下に流れ込む川＝人々は燃え盛る炎と呼ぶ」などの手がかりが『パイドン』に記されています。

我々が住んでいる世界はあくまでも「窪み」であり、「真の大地」には宝石に彩られた素晴らしい人間たちが住んでいるという理想郷に想いを巡らせていたソクラテス。この「すばらしい世界＝真の大地」は、プラトンのイデア論を想起させませんか？

また、こうしてイラストにしてみるとわかりますが、ルネサンス期のイタリアの画家ボッティチェリ（1445〜1510）がダンテの『神曲』に共鳴して描いた「地獄の見取り図」（下）と構造が似ています。ギリシャ世界が想定したあの世の構造は、後代にも大きく影響を及ぼしたといえるでしょう。

ソクラテスの最期

ソクラテスの死生観は、「魂の不死」と「知恵の神の世界」に赴くというものですが、では実際には、彼はどんな最期を迎えたのでしょうか。

ソクラテスは生前、政治家、詩人、職人のもとを訪れ、彼らは自分のことを知恵のあるものだと思っているけれども、実はそうではないと感じました。つま

ボッティチェリの「地獄の見取り図」（パブリック・ドメイン）

り、神のみが知恵ある者で、他の者たちは「自分たちは物知りだ」と思っているが、実際のところはそうではない。それに対して、「自分は何も知らない」ということを知っている（無知の知）ソクラテスのほうが、人間の中ではまだ物を知っていると確信していたのです。

しかし、その確信は人々からすれば傲慢に思えたことでしょう。ソクラテスは、青少年に有害な影響を与えた（「青年を堕落させた」「国家の認める神々ではなく他の神霊を認めた」という二つの罪）として有罪となり、死刑を宣告されました。死刑宣告に対しては、弟子たちの手引きによる逃亡計画もありましたが、あえてソクラテスは逃げませんでした。彼は死刑のために用意された毒薬を飲み干す前に、こう祈ります。

「この世からあの世への移住が幸運なものであるように、とね。これが僕の祈りだ。そうなりますように」

（『パイドン 魂の不死について』岩田靖夫訳、岩波文庫、P174）

ソクラテス

BC470 ⬇ BC399

プラトンの師匠。信念のために潔く死を選んだ。

ソクラテスは、いまでいうところの「終活」の実践者でもありました。処刑された後に、自分の「亡骸《なきがら》を洗う」という手間を他人にかけさせないために、前もって沐浴を済ますほど用意周到な性格であり、さらには、遺言からも几帳面な人柄が伝わります。

「クリトン、アスクレピオスに雄鶏一羽の借りがある。忘れずに、きっと返してくれるように」

（同、P176）

死に逝く間際に、ニワトリ一羽の借りを返すことを気にしていた実直なソクラテス。彼はその「死に方」によって「いかに生きるべきか」を行動で示した哲学者でもありました。

プラトンの問いにまだ答えられない現代人

再びイデアの話題に戻りますと、「イデア論なんて、昔のギリシャ人の想像の産物かファンタジーの話だろう」とタカをくっていると、これは痛い目に遭うかもしれません。なぜならば、「世界とは何なのか」「私たちはなぜ存在しているのか」という問いに対して、現在に至っても誰一人として、答えを出した者はいないからです。古代ギリシャから現代まで、進歩しているように見えて、こうした根本的な問いに対する答えは、見出せてはいないのです。

そして、それを改めて哲学的な「問い」に設定し直した人物が、20世紀最大の哲学者と評されるハイデガーでした。

ハイデガーの主著『存在と時間』（原佑・渡邊二郎訳、中公クラシックス）の「前書き」には、プラトン『ソフィステース』からの引用（「君たちが存在するという言葉を使うとき、いったい君たちは何を意味するつもりなのか」）があります。ハイデガーは、冒頭から「存在」への問いを追究することを告知しているのです。

また、ハイデガーは、プラトンの哲学用語「分有（分かち持つ）」を使用しています。「分有」とは、たとえば「美のイデアを分有するから、あの少女は美しい」という風に使い、まずイデアありきで個物の特性がある、という考え方をします。つまりイデアの思想は脈々と継承されているのです。

ソクラテスからプラトンへ、そして、悠久の時を超えてアンサーソングを書いたのがハイデガーというわけです。

次章は、ハイデガーが提示した「新しい死生観」について掘り下げてみましょう。

第4章

厳密なる現象学の師
フッサール
対
西洋哲学の死生観を更新した
ハイデガー

エトムント・フッサール
1859 ➡ 1938

ドイツの哲学者。現象学の創始者。「数の概念について―心理学的分析」で教授資格を得る。現象学とは、「あくまでも経験のなかに、知識の原理として機能する原型を探る（事象そのものへ）」哲学のこと（岩波哲学・思想事典）。

ハイデガー入門はフッサールから

イデアの思想を引き継ぎ、プラトンへのアンサーソングを書いたとされるハイデガーの死生観は、バランスよくまとまっています。ニーチェのような「ぶっとび極論」には着地しません。とはいえ、ハイデガーを理解するには、いくつかの関門があります。ハイデガーの主著『存在と時間』の冒頭に「フッサールに捧ぐ」と献辞が記されていることもあり、まずは、フッサールの哲学から始める必要があります。実際、ハイデガーはフッサールの助手をしていた経歴もあります。そこで、少し遠回りに感じるかもしれませんが、師フッサール経由でハイデガーの死生観を探ってみましょう。

まずフッサールの哲学、現象学とはいったいどんなものなのでしょうか。フッサール以前の哲学は、ものごとの本質を捉えようとしてきましたが、フッサールは「本質」ではなく、それを捉えようとする「経験」を問う、という大転換を提案しました。

何が違うのかといえば、考察の対象がまったく違います。たとえば、死生観について考える時も、死の本質を捉えようとする哲学から、死という経験を解き明かそうとする哲学へと転換されたのです。

しかし、いきなり死（の体験）を対象に現象学で考えるのは難しいので、もっと身近な、たとえば「労働」をフッサール風に考えてみましょう。哲学者が「労働の本質とは何か」という議論を堂々巡りさせても、世の中は何も変わらないという状況が、ここにあったとします。そこに現象学的な視点を取り入れてみましょう。すると、労働の本質はわからないから、それについてはいったん判断を中止して（エポケー）、時給1000円で労働体験を持ったとします。その体験のうちに現れてくる自己の内にある（内在的）な意識から物事を見てみようということになります。

経験者の意識そのものにフォーカスすることで、渋滞を起こしていた状態が取りあえず交通整理可能になります。エポケーについて、もう少しその概念を丁寧に考えてみましょう。『岩波哲学・思想事典』では、フッサールの「エポケー（古代の懐疑主義のエポケーとは区別されます）」を次のように定義しています（ルビは著者）。

フッサールによれば、自然的態度における一般定立（普遍的な存在信憑《しんぴょう》）のスイッチを切り、対象に関する存在措定《そてい》を「遮断し」、その存在性格を「括弧にいれる」ことがエポケーであり、それによって純粋意識の領域もしくは、正確に言えば「世界と世界意識との普遍的相関関係」という新たな探求領域が開ける。

（『岩波哲学・思想事典』岩波書店、P162）

ある対象（物でも出来事でも人物でも、何でも）に出合ったとき、人はたいてい「これはこういうものだ」という思い込みを伴って、それが何であるかを判断します。自動運転機能

つきの自動車に乗っているようなものです（これは自動で動く車なんだから、放っておけば勝手に動くんだろう）。こうした認識のメカニズムを、当たり前のものとせずに、もう一度、まっさらな目で見つめ直す「純粋意識」の哲学、それがフッサールの現象学なのです。これは手間のかからない自動運転車からマニュアル車に乗り換えるようなものですから、なかなか慣れないと思いますが、慣れれば、よりきめ細やかな運転で、確信を持ちつつ哲学することができます。

具体的に考えてみましょう。突然、道に生きたペンギンが捨てられていたと仮定します（右イラスト）。これに関して、エポケーの態度で臨んでみます。なぜ日本にペンギンがいるのか？　どのような種類のペンギンなのか？　そもそもペンギンと

は何なのか？　すべての思考のスイッチをいったん切ります（判断中止＝エポケー）。「意識の中のペンギン」にフォーカスするのです。

では、次に、これと同じ態度で、「死」を眺めてみましょう（前ページイラスト）。これまでの哲学とは対象になるものが違っているのが見えてきませんか？　死というものの本質のつかめなさと同時に、知覚もできず、前提知識もほぼないということに気づかされませんか？この前提こそが、ハイデガーが『存在と時間』をフッサールに捧げた理由だと思います。これこそが死を哲学するときの新たな「手がかり」となりませんか？　これまでの「死」の哲学は、足場もぐらつき、ともすれば神話や物語のたび重なる改変作業のようなものとなりがちでした。その雲をつかむようだった「死」の哲学に、仮とはいえ「足場」を組めた、という感じがしてきます。

しかし、意識を自分の経験だけにフォーカスしていると、「世界」は純粋意識の見せるサーカスのように個々バラバラにあるだけ、となってしまいがちです。

ここでフッサールは、「間主観性《かんしゅかんせい》」という概念を使って客観性を確保しようとします。これは難しい言葉ですが、他者の身体に感情移入することによって、「わたしもあなたも同じ世界を生きている」という世界認識を成立させる仕組みです。というと、ますます難しそうですが、具体的な例として、著者自身の体験を挙げてみたいと思います。

似顔絵を描くことの「間主観性」とは

もともと著者は、他者と自分が同じ世界を生きているという実感が薄い子どもでした。一人っ子だったこともあるのでしょう。実家が自営業で、両親やまわりの大人が常に忙しく働いていたため、一人遊びばかりしていました。学校に行っても自分だけの世界にこもりがちで、クラスメイトよりも本の中の架空の人物「赤毛のアン」や「長靴下のピッピ」のほうが身近な存在に思えました。すると、自分の意識だけが肥大化して、現実世界が希釈されていく感じが常にあり、言うまでもなく、当時の著者のコミュニケーション能力は惨憺たるものでした。

そんな私が、現実世界とのつながりを確認するためにとった手段は、「似顔絵を描くこと」でした。私の意識の中への闖入者《ちんにゅうしゃ》である「他者の身体」、その象徴である「顔」を描き、それを相手に見せる。すると、相手は喜んだり、がっかりしたりと、さまざまなリアクションをします。自分の純粋意識が生み出した相手の似顔絵を描くことを通じて、他者に感情移入する即興似顔絵は、相手も自分も同じ世界を生きているんだという確認作業になったのです。

もっとも、似顔絵を描き始めた子どもの頃は、こういう現象学の理屈を知りませんでしたが、当時から感じていたことを整理し、現象学的に言語化すると前記のようになると思います。

また、認知科学の研究によると、人間が顔を認知するプロセスには、以下のようなメカニズムがあるようです。

まず起動するのは、知覚された〈顔〉の構造的情報を処理するプロセスである（「構造的符号化」）。このプロセスには、「観察者中心の記述」と「表情とは独立の記述」というふたつの段階がある。前者では、〈顔〉の角度や表情が現れたままに記録され、後者では、そのような現れには影響されない形態的特徴が抽出される。この構造的符号化によって、その対象が〈顔〉であるという認知が行われ、それに続いて、人物特定と表情分析のプロセスが起動される。そのうち人物特定は、構造的符号化のふたつの段階から「顔認識ユニット」を経て、人物の名前の生

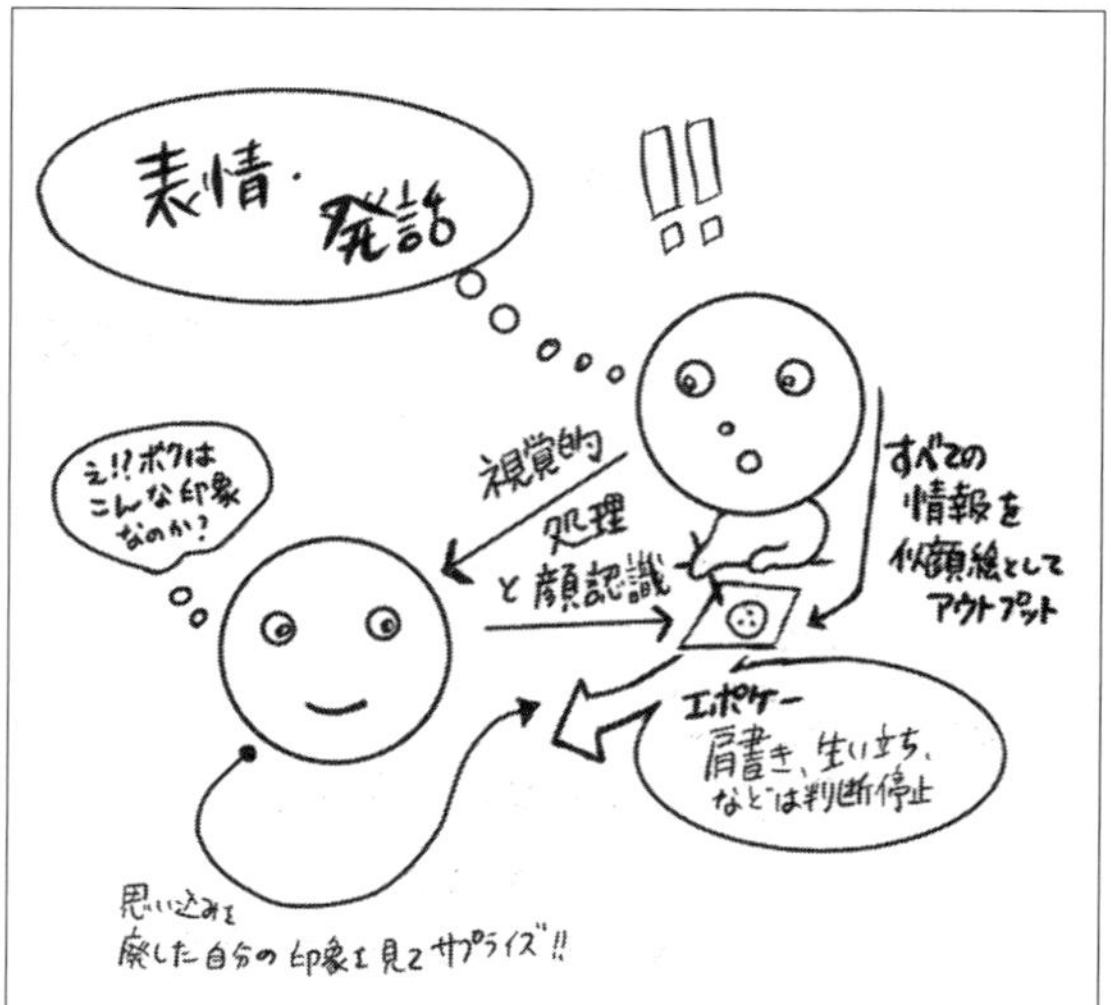

現象学的に見た似顔絵を描くという行為

成へといたるものである。それに対して、表情分析は、人物特定へといたるプロセスから独立に、構造的符号化のなかの観察者中心の記述に発して行われるプロセスであり、観察された人物の表出する感情の理解や、年齢や性別、人種などの推定、視線の方向の探知、唇の動きによる発話の解釈がなされる。

（西兼志『〈顔〉のメディア論』法政大学出版局、P51〜52）

この認知プロセスに「似顔絵を描くこと」を当てはめて、さらに現象学的な観点を加えると、「似顔絵を描く」という行為が理解できます（右イラスト）。

このようなプロセスを繰り返すことによって誕生する1枚の似顔絵を介して交換される「手ごたえ」。私は長い間、この確認作業《プロセス》を自分自身のために必要としていました。

やがて大学卒業と同時にプロの似顔絵師となり、さまざまな人の顔を描きました。基本的に飛び込みのお客を描くので、そこには一期一会の面白さと切なさがありました。初対面なので、相手の社会的な地位や肩書き、人柄もわかりません。その一方で、「顔」という最もプライベートなモノに意識をダイブさせて情報を得ること、その純粋経験そのものをヴィジュアル化すること。これほど面白い仕事は、なかなかないのではないかと思えるほどでした。

似顔絵師に舞い込んだ遺影の依頼

似顔絵の主な仕事場は、ショッピングモールの通路に設けられた小さなコーナーですから、さまざまなお客さんがやってきます。まれに「遺影を描いてくれ」という依頼が遺族から舞い込みました。

遺影なら、本来写真でいいはずです。なぜ遺族の方からそのような注文が来るのでしょうか。

当然ながら、これは、もうこの世には存在しない人物の顔を、第三者である似顔絵師が、その「身体（視覚的処理）」を通じて描くという行為です。身近な人が亡くなると、遺族は「（故人は）本当は亡くなっていないのではないか。すぐに帰ってくるのかもしれない」などと、意識の底のほうでは、故人が生きていた時の日常との区切りがなかなかつかないものです。ここには、フッサールのいう「間主観性」の成立という要素が大きく関係してくると思います。

故人とは縁もゆかりもない著者（第三者）が、故人の写真やエピソードを手がかりに遺影を描く——そのプロセスを経ることで、依頼者（遺族）は「大切な人がいない世界」というものを再認識するわけです。

少し難解な言い方になりますが、他者（ここでは似顔絵師）がその出来事（家族の死）に介在することで「間主観的世界」が成立し、「ああ、もうあの人は戻らないのだな」と身近な人を失った世界を依頼者が受け入れやすくなるわけです。上のイラストは、このプロセスを示しています。

ところで近年は、葬送全般（葬儀・告別式・法要など）の小規模化・簡素化が目立つようになりました。「直葬（通夜や告別式をせず、直接火葬場へ遺体を運び、火葬のみ行なう）」も珍しくなくなりました。

葬送儀礼がなぜ大切かといえば、宗教的な意味合いの他に、人には、こうした「間主観性世界」という観念が必要なのです。遺族は、僧侶や参列者など、他者の身体に感情移入することで、ようやく故人のいない世界を受容できるようになるのです。

「死んでみる」ことはできない

フッサール現象学が、哲学的なものの見方（認識論）の上でもった意味は計り知れません。フッサール以前の哲学は、大雑把に言うと人間の情やらフィーリングやらを重んじ、不安定で曖昧なものを論述（認識）の足場にしていたのです。曖昧なもののなかから「純粋な意識」を抽出し、それを土台に哲学というフィールドを大々的にリフォームしたのがフッサールの現象学と言っていいでしょう。したがって、死生観においても、フッサールがリフォームした土台を足場に建て直さなければなりません。

そう！「世界とは一体何なのか？ どう証明したらよいのか」「死の意味とは何なのか」といった壮大な存在論の問題から哲学的思考をスタートさせてしまうと、人の死そのものについての考察までたどり着かないのです。存在論から認識論への転換が必要です。

そこで、すべてにこの「一時停止ボタン（エポケー）」を押したまま純粋意識にフォーカスすることで、問題の大きさに圧倒されたまま先へ進めない状態は回避できますし、人間の意識が死にどう立ち向かえばいいのかが、見えてきます。

そこで、いよいよ、フッサールの次の言葉が重要になってくるのです。

われわれは現象を、現象が自らを与えるがままに、受け取らねばならない。

（「厳密な学としての哲学」『フッサール・セレクション』立松弘孝訳、平凡社ライブラリーキンドル版）

フッサールの現象学を前提として、ハイデガーが行なった哲学的な作業は、「人間」という存在そのものを根底から規定し直すということでした。フッサールの現象学は、「当たり前」だと思っていたものの「当たり前」を徹底的に廃棄していくことを目指します。しかし、問題なのは、「死」に関して現象学的な態度で臨む際に、「いったん死んでみる」という実験が「可能ではない」ということです。つまり、死を「純粋経験」することはできないのです。

映画『図鑑に載ってない虫』（2007年、三木聡監督）には、「死んでみる」という体験を求めて、それがかなうというシーンがあります。面白い作品ではありますが、これはあくまでもフィクションであって、実際に死んでしまうとこちらの世界に戻ってこられません。擬似的に死んだと考え、そこに意識をフォーカスすることを論理的に展開させたのがハイデガー哲学なのです。

マルティン・ハイデガー

1889 ➡ 1976

ドイツの哲学者。
主著は『存在と時間』。フッサールの影響を受けている。

ハイデガーの特殊な人間観＝現存在

少々長めの「フッサール入門」を終えて、いよいよハイデガーの世界へと歩みを進めましょう。

ハイデガーは、現象学を通じてのみ「存在論」が可能であると但し書きをしています。そのことからも、現象学の重要性が理解できます。ハイデガーは、そこからまた一歩前に論を進めました。

その際のキーワードは「隠蔽《いんぺい》」と「埋没《まいぼつ》」です。つまり事象（ものごと）の背後には、「違うもの」が隠されているパターン（隠蔽）と、見えているのに他と混ざり合いその特異性がわからなくなっている（埋没）パターンがあるというのです。ハイデガーによれば、現実の世界の事象は、フッサールの想定していた現象学的世界よりも複雑であるということになります。師フッサールの視点を踏襲しつつ、それに批判的な観点も併せ持ち、より深い境地へ行こうとしています。

これは、なんだか難しいようにも思えますが、わかりやすい例で考えてみましょう。たとえば、「人間」と「死」を考えた場合、その背後には、目に見えているものとは違う「何か」が隠されている。それを記述しようとハイデガーは考えたわけです。「人間」の場合、たとえば「ハサミ」「虫」「球技場」などの事象と比べて、背後に隠されている意味があまりに不可解です。用途も最終的な目的もわからないのです。

「死」もそれと同じで、「運動会」「結婚式」などといった可視化される事象とは別次元の事象であり、そこに隠された「何か」を掘り起こすべく、ハイデガーは粛々と哲学を展開したのです。

現代に「死」を問うハイデガー哲学

ハイデガーが、「20世紀最高の哲学者」と呼ばれている理由はどういう点にあるのでしょうか。それはおそらく、ソクラテスやプラトンの時代とは遠く隔たり、魂の不死や冥界について手放しで語れる時代ではなくなった20世紀において、人間の「死」の問題に果敢に立ち向かったということでしょう。

ニーチェは、キリスト教を打破するために「オリジナル神話（『ツァラトゥストラ』）」を編むことで立ち向かいました。他方、ハイデガーは創作を頼りにせず、現象学的な土台から、「死」を哲学の「問い」として考え抜いたのです。

ハイデガーは死という事象に対して、神話でもなく物語でもなく、明快に哲学的な回答を示しました。それは「死を先駆すること」。死を先んじて考えることで、本当（本来性）の自分になれるというのです。しかし、世の中の多くの人は、そこから逃げているとハイデガーは考えました。

ならば「死を先駆することによって得られるはずの本当の自分とは何か?」という疑問も同時にわき上がることでしょう。しかし、これに関してハイデガーは答えないのです。とはいえ、死生観に関して、いったんフラットな状態に戻して、ゼロベースで哲学的な問いを発したという点に、ハイデガーの重要性があります。そしてそれを可能にしたのが、何よりも先ほど説明した現象学的なものの見方でした。

世界の中で生きている（世界内存在）とは？

ここでまた少しフッサールを思い出してください。フッサールの現象学的な視点を持ったまま、世界と人間（ハイデガー流には「現存在」）の関係を考え、さらにその背後に隠されている両者の関係を掘り下げていきましょう。すると「世界の中で生きている」ということの感じ自体が、刷新されたように感じませんか？　その感覚をハイデガーは「世界内存在」という造語で表現しました。ハイデガーの著書『存在と時間』では、以下のように記述されています。

空間は、現存在にとって構成的な世界内存在が空間を開示したかぎりにおいて、世界の「内」で存在している。

（『存在と時間Ⅰ』原佑・渡邊二郎訳、中公クラシックスキンドル版）

存在論的に十分によく了解された「主観」、つまり現存在が、空間的なのである。

（同）

「世界内存在」とは、また思わせぶりな言葉が出てきたぞ！　と警戒したくもなりますが、そんなに難しい概念ではありません。

この概念は、テレビアニメ『新世紀エヴァンゲリオン』（1995～96年、テレビ東京）を参照すれば大枠は理解できると思います。その最終回「世界の中心でアイを叫んだけもの」では、「心の補完」と称し、主人公の碇《いかり》シンジが延々と「自分語り」を繰り広げます。ほとんどストーリーの進行を放棄した展開です。

このシーンと、「世界内存在」という概念とを考え併せると、ハイデガーの思想の基盤にあるものが理解できるでしょう。

24分間のアニメの前半は、シンジの自己否定と周囲からの問いかけです。「生きていて楽しい？」「どうして逃げてはいけないの？」「何を願うの？」

そこで、シンジが出した結論が「生きる価値が欲しい」。

そして、「僕ってなんなんだ？」とシンジは根源的な問いに立ち返ります。不安に押しつぶされそうなシンジに、ヒロインの綾波レイが「世界はあなたの心次第でいつでも変わるもの」と諭しますが、シンジはまだよくわかりません。

舞台は「何もない世界（時間も空間も存在しない世界）」に切り換わり、そこにシンジだけが浮かんでいます。そのシーンは、鉛筆画の書きなぐりがそのまま画面に現われます。従来のアニメのセル画の形式すら放棄し、時間と空間もいったんリセットされるという思考実験になっているのです。その何もない白紙にシンジだけが浮かんでいます。「何ものにも束縛されない自由の世界」「その代わりに何もない」――そんな世界が画面の中に生まれます。すると、その世界の中のシンジも「何もつかめない状態」に陥ってしまいます。もし、シンジが私たちと入れ替わったら、同じように「白紙の世界の中で、何もつかめない状態」になってしまうでしょう。

そこで神の声のようにシンジの父の声がします。

「天地をやろう」白紙には横棒が描かれます。

こうして主人公の何ものにも束縛されない自由はなくなりましたが、地に立ち、歩いてみることができるようになりました。また声がします。

「世界の位置は常に同じではない」

そして周りは、シンジが変わることができると励まします。

シンジの父の声はささやくのです。

「『お前の心とその周りの世界』がおまえを形作っているにすぎない」

ここでもう一度、ハイデガーの言葉に戻りましょう。

空間は、現存在にとって構成的な世界内存在が空間を開示したかぎりにおいて、世界の「内」で存在している。（同）

存在論的に十分によく了解された「主観」、つまり現存在が、空間的なのである。（同）

人間は何かを思うよりも前に、その世界に投げ込まれてしまっています（ハイデガー流には「被投性《ひとうせい》」）。それを、引き受け、了解しつつ存在しなければならないのが人間のあり方で、ハイデガーはそれを「世界内存在」と呼びました。

再び、アニメのストーリーに戻りましょう。

時間が進むにつれて、意味や記号であふれ返る世界に変容していく画面。そこに投げ込まれたシンジは、また自分がわからなくなってしまいます。

しかし、シンジはついに悟ります。

「ぼくはぼくだ。ただ、他の人たちが僕の心の形をつくっているのはたしかなんだ」

このシンジの気づきによってシーンが急変し、シンジは異世界に飛ばされてしまいます。着地したのは、主人公の性格も周囲のキャラクターの性格もそもそも舞台設定も異なる異様な「パラレルワールド」。それまでの世界内存在としてのシンジは、擬似的に「死」と、

「再生」を経験するのです。設定の違う世界で、自分に与えられた役を演じてみるシンジ。それにより、もしかすると自分の決意次第で、世界との関係性がガラリと変わるという可能性もあるということに、ようやく気づきます。それまでは投げ込まれた世界で受け身に生き、周りの目ばかり気にしていたシンジは、初めて自分の意志で世界を受け入れ、生きていく勇気を持ちます。

「ぼくはここにいたい、ここにいてもいいんだ」

人々に「おめでとう」と祝福され、「ありがとう」と応じるシンジ。

彼は自ら「本来的に生きる」ことに目覚めたのです。

世界と人間の関係を、「ありのままを見る（現象学的な認識）」ことで洗い直し、さらに存在論を展開したハイデガーの哲学は、先入観まみれのわたしたちにとっては、なかなか理解しがたいものがありますが、今度は先入観を廃した「新たな目」で、「死」という事象を見つめてみましょう。そこに見えるのは何でしょう。

死後、意識は生きている時のようには働かないと考えるのが一般的でしょう。もしかすると、別の次元や別のメカニズムで意識が働き続ける可能性もありますが、それは現象学的なものの見方の外にあります。「幽霊の視点から見る世界」といった、まったく新しいものの見方を開拓すれば、別ですが。よってここでは問いません。

そうなると、現象学的かつ存在論的に捉えられる死とは、死の一歩手前まで、ということになります。私たち人間にできることといえば、意識で捉えることの可能な範囲で、他の存在（事物、他者、事柄）といかに関わっていくか、その態度にフォーカスせざるをえません。

死を生に織り込む「先駆的決意性」とは？

ハイデガーの視座に立つと、そこに立ち現われてくるのは、「闇鍋《やみなべ》」のような意味のわからない世界に投げ込まれた（ハイデガー流には「被投《ひとう》」）小さな人間の姿です。

そのうちのほとんどは、日々の暮らしに埋没した人（ハイデガー流には「ダス・マン（世人）」）として生きているとハイデガーは考えます。埋没状況から脱するにはどうすればよいのか？まずは、前倒しで「死」を引き受ける（ハイデガー流には「企投《きとう》」）ことを考えてみましょう。人生の締め切りは意外に近いかもしれないのです。

これがハイデガーの死生観の主軸となる「先駆的決意性」というものです（次ページイラスト）。それは、あくまで擬似的に死に、それによって「生き直す」ことに近いものです。正確には、死の直前の心情を先取りして、死を一度経験したかのごとく想起し、逆算していまの人生を生き直し始めるといったものでしょう。

ここでハイデガーが、受動的に投げ込まれてしまっている状態を「被投」と呼び、自ら死を含めた世界を前倒しで選び取っている状態を「企投」と呼んでいることに留意しましょう。

ハイデガーの「先駆的決意性」

ハイデガーと自己啓発の関係

先駆的な決意をすることによって、とたんに「本来やりたかったこと」に立ち向かう勇気がわいてきます。ダラダラと生きても（ハイデガー流には「頽落《たいらく》」の状態）、目標を持って生きても、いずれにせよ確実に待っているのは「死」なのです。であれば、「死を先駆的に決意して企投する」ことで、可能性に賭けてみようかな、という気になるかもしれません。

とはいえ、のんびりほっこり生きるのも本来的な生き方の一つだと気づいて、改めて「のんびり生きる」ことを選ぶという方向も、著者はアリだと思います。

たとえば、リンダ・グラットン著『ライフ・シフト』（東洋経済新報社）というビジネス書がここ数年のベストセラーになりました。この本は、しゃかりきに個人的な成長を目指すことは「本来的」ではないという気づきを読者に与え、「どうしたらいいか（人生・生活のシフト）」を説いています。同書が多くの読者の心をつかんだのは、ハイデガーが提示しなかった「答え」が含まれていたからでしょう。

『ライフ・シフト』に限らず、数限りなく出版されている自己啓発書や「〇〇すればうまくいく」といったハウツー本、成功者の自伝などは、ハイデガー哲学のその先にある模索と考えれば、こういった書籍が好んで読まれる理由もわかるような気がします。

ハイデガーの出した結論は、具体的に「じゃあ、どうするか」「何を基準にするか」「何を倫理とするか」という要素を欠いているからです。一見、バランスが取れているように見えて、「倫理性もしくは生き方の指標がない」のがハイデガーの決定的な弱点なのです。

ハイデガーは一時期、ナチに傾倒していましたが、彼の哲学における倫理的指標の「欠落」がその一因だったのかもしれません。また、もともとハイデガーのパーソナリティにその要素があって、それが哲学的な視座にも影響していたのかもしれません。これは、なかなかに難しい哲学的・歴史的な問題であり、いま明確に結論は出せませんが、いずれにせよ言えることは、ハイデガー哲学には欠落があったのではないかということです。

その「欠落」を補う可能性がある哲学思想といえば、ハイデガーと同じフッサール現象学の視座に立ちながらも、他者の「顔」を前提として、自己と他者の関係を再構築しようとしたエマニュエル・レヴィナス（1906～95。ユダヤ人哲学者。収容所体験がある）と、反ナチであり、精神病理学者でもあったカール・ヤスパースの哲学が挙げられるかと思います。

特にヤスパース哲学は、反ハイデガーの要素が色濃く、死生観を考える上でも重要な存在です。そこで次章では、ヤスパースの哲学について紹介します。

第5章

ハイデガーがスポイルした「死の不安」を哲学するヤスパース

カール・ヤスパース
1883➡1969

ドイツの哲学者。精神病理学者。
キルケゴールとニーチェ、ハイデガーの影響を受けた。

ハイデガーが残したモヤモヤ感

前章のハイデガーの哲学では、何か釈然としないものが残ったのではないでしょうか。映画やテレビのドラマなどで、「切腹」のシーンや「武士道」の徳目やらが頻繁に出てくる日本の時代劇を見て育った世代であれば、ハイデガーの死への「先駆的決意性」は、ある意味で古典的な死生観といえますから、何が斬新なのかわからないという側面もあるかもしれません。しかし、キリストを信じることで神の下に召されるとされるキリスト教圏においては、ハイデガーの死生観は斬新だったのかもしれません。

別の側面からも見てみましょう。キリスト教を前提とする、もしくは、それに反する神話のようなものを編み出した物語性重視の哲学が綿々と紡がれてきたなかで、「死をゴール」に設定し、現象学を基礎において死生観を提示したハイデガーの哲学が与えた衝撃は大きいものでした。

彼の哲学は、カーナビにたとえればわかりやすいと思います（左イラスト）。

キルケゴールの死生観では、「死」は「立ち寄り地点の一つ」として設定されており、あくまでも目的地は「神」「天国」でした。立ち寄り地点も道順もあまり重要ではなく、目的地の「神」や「天国」にこそ意味を見出したのです。

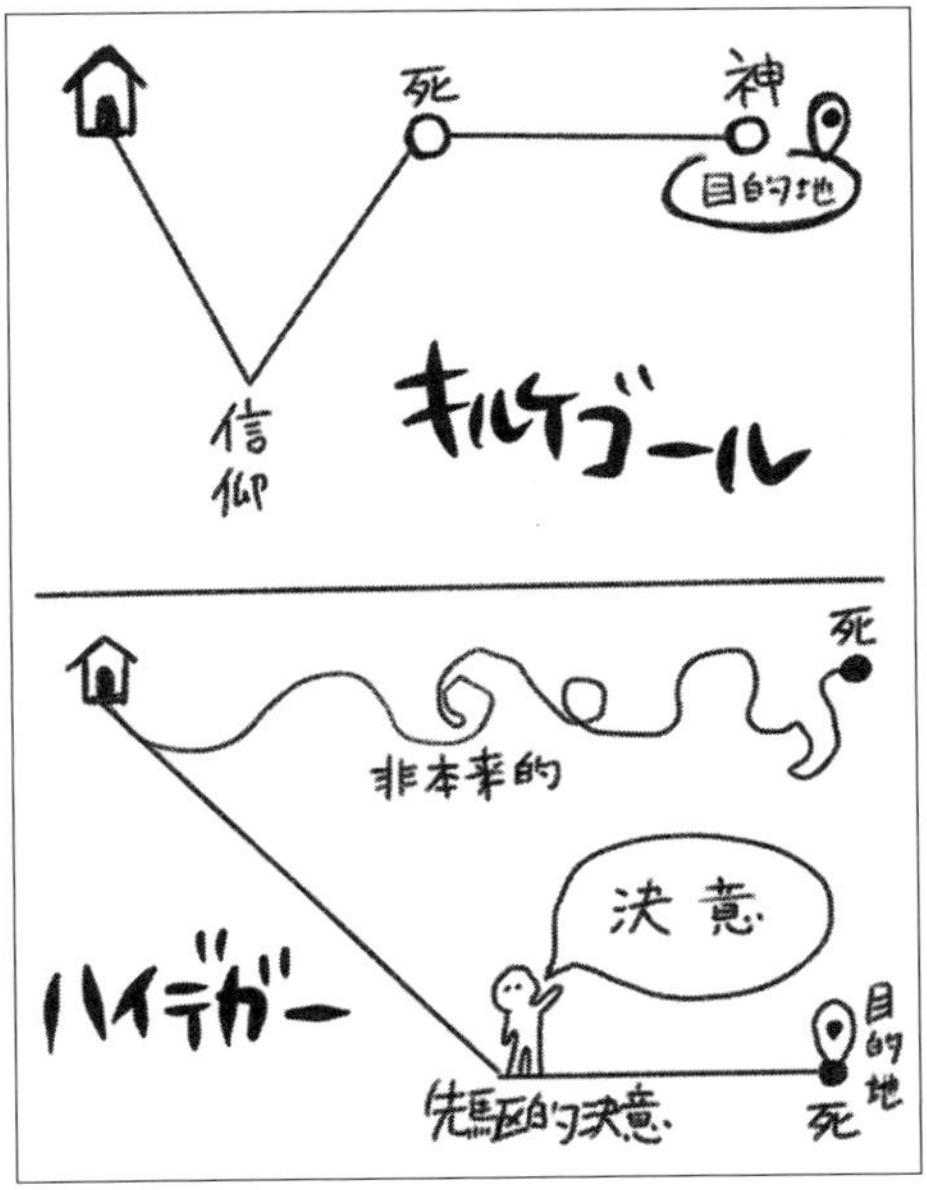

他方、ハイデガー版のカーナビでは、目的地を「死」という行き止まりに設定し直し、そこに至るまでの道程や行き止まりとしての死を含めた全体性、つまり人生というドライブが充実しているかどうか（先駆的決意性を持つか否か）、その濃度にこそ意味を見出したわ

けです。

しかしハイデガーは、「神」「天国」を最終目的地とする従来の死生観の「構造」は変革しましたが、死を意識した時の心理や人間的苦悩については切り捨てていたと感じられます。

このモヤモヤに答えようとした思想家が、本章で取り上げるカール・ヤスパースです。

ヤスパースによるハイデガー批判

ヤスパースには『ハイデガーとの対決』という著作があります。いや、正確に言えば、これは出版物ではなく、ヤスパースが、生前交流のあったハイデガーに抱いていた反感や不信感をメモしていたものを、第三者が後にまとめて書籍にしたものです。ヤスパースはハイデガーについて、約30年間にわたって詳細なメモを残しました。心の内に秘めていたハイデガーへの反発が、死後に発掘されたというわけです。同業者に対する怨念みたいなものを勝手に出版されたことは、ヤスパースの本意ではないかもしれませんが、ここには瞠目《どうもく》すべき指摘があります。

ヤスパースはハイデガー哲学を「ニヒリステックな不遜」と評しています。ハイデガー哲学を、ルネサンス哲学の「昂揚した個性がもった熱狂的現実」と対比して、「ハイデガーはつまらない」と言いたかったのでしょう。

それだけではなく、ヤスパースはハイデガーの決定的な欠陥を突きました。たとえば、ハイデガーが意気揚々と掲げていた「決意性」についても、「何を決意しているのかわからない」と率直に指摘しています。これはその通りで、ハイデガーの思想には、たんなる思いつきや、偏った思想を「本来的」だと勘違いして決意してしまう危険性が伴います。

具体的にヤスパースが批判している文言を見ていきましょう。

ハイデガー

彼の根本操作は何であるのだろうか。

時折、まるで、彼が鉄筋構造物を建て、聴く者はそのなかへ非人間的に押し込まれるかのようだ。この思考様式には、なにか強制的なもの、論争的なもの、支配者的なもの、求めるところの多いものがある。（H・ザーナー編『ハイデガーとの対決』（渡邊二郎・立松弘孝他訳、紀伊國屋書店、P81）

私は彼からほとんど学ぶことができなかった。（同、P82）

私には、私の方がより誠実に、真理を求めて労苦しているように思われるのだが。（同、P159）

ヤスパースは、すでにこうした疑問を呈し、ハイデガーへのラディカルな批判をしたためていたのです。ハイデガーの知名度に対し、ヤスパースはそれほどメジャーではありませんが、思考の深みからすれば、ヤスパースに軍配が上がると著者は考えています。

ヤスパースの経歴はどのようなものでしょうか。ドイツに生まれた彼は、法学を修めたのちに、精神科の臨床助手となり、精神医学にフッサールの現象学を導入して注目され、心理学教授となります。その後、哲学教授資格を得て、最終的にはバーゼル大学の哲学正教授となりました。

著者はこうした「ジャンルの横断」こそが、ハイデガーにはない「視野の広さ」につながっているのではないかと考えます。法学（社会のルール）→精神病理学や心理学（人間の心の中の世界）→実存哲学（社会のルール、心の中の法則を踏まえた上で、いかに生きるか）という知的遍歴こそが、彼のオリジナリティの源泉なのでしょう。

信仰を持ったリアリスト、ヤスパースの死生観

ヤスパースの死生観は、神の存在を前提にしています。そういう意味ではキルケゴールと似ていて、神と一対一で向き合う姿勢も同じように見えますが、彼はキルケゴールほど

〝ロマンチスト〟ではありません。とても現実的で醒めていながら、同時に信仰者であり続けるのがヤスパースです。

その一方で、医学を修めただけあって、死の現場をシビアに見ています。主著『哲学』(中公クラシックス)において、死をいくつかの項目に分けて仔細に分析し、死を「最も身近な人の死」と「わたしの死」に大別しています。次項ではその分類を見ていきます。

最も身近な人の死について

身近な人の死に遭遇することは、なす術もないほどに絶望的な状況です。先ほどまで生きていたのに、目の前の死者は、いまや何をどう施しても生き返りません。遺体にすがりついて呼びかけるくらいしか、できることはありません。

この状況について、人間らしい不安や絶望を吐露しながらも、ヤスパースはきちんと言語化しているのです。ヤスパースが他者の死を考察する態度は、著者から見れば浄土真宗の葬儀観にかなり近いと思います。日本の仏教の他の宗派では、魂をあの世に送り届ける儀礼の要素が少なからず入ってきますが、「すでに阿弥陀によって救われているから念仏を申す(念仏を申すと救われるのではなく、すでに救われているから念仏を申す)」と考える浄土真宗では、「死者は阿弥陀により、往生が確定していると考えるため、他宗派と比較した場合、儀礼性はそれほど濃密ではない」「お葬式は阿弥陀への感謝の気持ちを表現することと、残されている者の学びの場である」と解釈とされます（僧侶によってはニュアンスが違う場合があります）。

事実、浄土真宗の僧侶の多くが「葬儀とは他者の死から学ばせていただく場」だと言います。著者は「葬儀＝学ぶ場」という考え方は、「少し不遜な気がするなぁ」と思っていたものですが、よくよく考えてみると、そのような機能がたしかに葬儀には含まれているとも思います。

たとえば、著者の叔父は長年、真宗大谷派の僧侶（住職）をしていましたが、檀家の葬儀で念仏を唱えている最中に不整脈を起こし、突然、亡くなりました。まさに阿弥陀様の力にお任せするような往生でした。参列者はその死に、なにか超越的な力を感じ取ったらしく、葬儀後もそれは話題となったようで、多くの参列者にとって「死とは何か」を考えるきっかけになったと思います。僧侶の読経中の死という、そのタイミングからして、超越者の存在をどこかしら感じさせる出来事でもありました。

ヤスパースの「死者からの学び」の具体的な内容については、主著『哲学』が参考になると思います。

他人の死は、実存を揺さぶり動かすものであり、ただたんに、あれこれの感情や関心に伴われた一客観的出来事などではない以上は、実存は、他人の死を介して、超越者の中に住まうようになったのである。すなわち、死によって破壊されるのは、現象ではあっても、存在そのものではないわけである。消し去ることのできない苦痛の根拠にもとづいた、いっそう深い明瞭な境地が、可能なのである。

（ヤスパース『哲学』小倉志祥・林田新二・渡辺二郎訳、中公クラシックス、P383～384）

先ほどの叔父のケースと照らし合わせてみると、この言葉の意味がはっきりします。檀家たちは住職が葬儀の途中で亡くなったこと、そこに「現実を超えた」隠された存在を感じたからこそ、それを気にかけていたのだと思います。

「住職の死」という事象を通じて、「何か」が示されようとしているのではないかという意味において、人々の実存を揺さぶりました。叔父の安らかな顔から発せられるメッセージ性を含め、その死は、どこか深淵なる問いを発するように思われました。他者の死から学ぶことは多いでしょう。おそらく千の書物を読むよりも、実際に人の死と対峙したときのほうが、多くのことを学べるのではないかと思います。

この「わたし」の死

他方、「わたしの死」をどう考えているのでしょう。ヤスパースは、キリスト教の神を信じているにもかかわらず「死後の世界」の存在を前提にしません。むしろ、死に向かう人間の心理や不安を描き出しました。死後について語らないことを前提した上で、キリスト教の信仰を保ちつつ「死の前に立つ」、すなわち「限界状況について語る」ということに、著者は大きな意義を感じます。

キルケゴールは〝ロマンチスト〟であり、ニーチェはニヒリスティックでありながらも「永遠回帰」によって魂を円環させる不死のモデルを作り出しました。ハイデガーに至っては、いかめしい言葉で死を硬質な鎧《よろい》で覆ってしまいました。

死に対するヤスパースは、信仰を持ちながらも人間としての生々しい不安を吐露します。体の妙なところから「冷や汗」が止めどなくわき出てくるような「絶対無への恐怖」を凝視し、言語化しているところが彼の真骨頂でしょう。

大半の哲学者が哲学を始める理由、口には出さなくても、それは「死への不安」ではないかと思います。17世紀フランスのモラリスト、ラ・ロシュフコー（1613～80）が「太陽と死は直視できない」と言ったように、死を意識しながらも死を直視しようとした哲学者は少なかったのです。先に挙げた哲学者たちのように、多くは壮大な「世界」を語ることで、死への不安をかき消し、またそうでない場合は、「物語」によって、死の不安から逃避しました。

ヤスパースは、これら先人たちの態度を一刀両断したのです。彼は、死を目前にした人間には、「一点的な自己存在へと硬直する（筆者注：「自分が死ぬこと」のみにフォーカスして視野狭窄に陥る）」という態度（反応）と、「彼岸的生（天国など）の幻想によって自分を欺き、また慰める」という態度（反応）という二つの態度があることを指摘しました。言うなれば、前者がハイデガー、後者はキルケゴール、と考えればよいでしょう。

この二つの態度に対し、ヤスパースは「自己欺瞞なしに本当に真実に死ぬこと」が人間の勇気であると述べています。

死後の引越し先が「無」だとしたら?

とはいえ、死後に「他の世界」があるという〝希望〟を完全に排除した上で、哲学的死生観を展開するのは難しいものです。ハイデガーの場合は、「死」をよりよき「生のためのパーツ」にしようとしましたが、そこには人間の死の不安への考察が欠けています。ヤスパースは精神病理学者だったこともあり、まるでカルテに書き込むように、限界状況における死への不安を考察しました。特に「わたしの死」の考察には、鬼気迫るものがあります。

死んでゆくとき、私は死にさらされはするが、しかし私は死そのものを経験することはけっしてない。（同、P384）

勇気は、自己欺瞞なしに本当に真実に死ぬこと、にある。（同、P391）

西洋思想史上の哲学的な死生観の臨界点は、このヤスパースの考察だと著者は考えます。つまり、ここが思考の崖です。その先は、ニーチェのようにイマジネーションあふれる物語を創造していくか、「死後の世界を見て、帰ってきた人（臨死体験者）の証言」を検証するか、「先人が考えた物語」に依るかです。

ここでもう少しヤスパースの思索の足跡をたどってみましょう。先の死生観を見てもわかるように、彼は全面的に神に依拠する姿勢を取っていません。しかし、それでも神の存在は認めていて、信仰を保っています。では、いったい、どのように神と世界との関係を結びつけているのでしょう。ヤスパースは、神と世界との関係において、とても面白いモデルを提唱しているのです。彼は、神の存在についての問題を、まるでチェスゲームのように丁寧に詰めていきました。そして、人間の思考を超え、神秘として働く神の存在を導きました。

神のカルテ——神の存在証明は哲学を通じて

ヤスパースの神についての概念は、まるで「神のカルテ」のようなものです。原因は目には見えないが、症状を観察すれば病名がわかるというような次第です。たとえば、私たちが小説を読むとき、そのストーリーや場面展開などから、なんとなく著者の人柄や作家としての本質が透けて見えることがあります。それを神と世界の関係に当てはめ、世界の現象（症状）から神の本質を探る——これこそヤスパースが現象学から学んだものです。

この「神のカルテ」を、見てみましょう。以下は、『哲学入門』第四講「神の思想」からの引用です（新潮文庫）。

「何を言っているかわからない」とお感じになるかもしれませんが、ここはヤスパースの死生観の「キモ」につながっていますから、少しおつき合いください。なお、「その1」「その2」「その3」の分類は、著者が便宜的に付したものです。

【神の存在証明・その1】

……もっとも古い証明を宇宙論的証明と申します。宇宙《コスモス》（ギリシャ語で世界に当る言葉）から神を推論するものであります。すなわちそれは、世界の生起が、常に原因を有するということから、究極の原因を推論し、運動から運動の起源を推論し、個物の偶然性から全体者の必然性を推論するものであります。

（『哲学入門』草薙正夫訳、新潮文庫、P61）

【神の存在証明・その2】

……いまここで世界実存と申しますものは、いわば世界の限界において固定されて、そこで見出される第二の世界のことをいうのであります。そうしますと、これらの神の証明はかえって神の思想を混迷に陥《おとしい》れるものとなるのであります。

（同、P63）

【神の存在証明・その3】

私が自由において本当に私自身となる程度に応じて、神は私にとって存在するのであります。神はまさしく知的内容として存在するのでなくて、実存にとって啓示されることとしてのみ存在するのであります。

さてしかし、自由としての私たちの実存の開明によって、ふたたび神の存在が証明されると

いうのではなくて、それによっていわば、神の確認が可能である場所が示されるにすぎないのであります。

（同、P66）

話をいったんまとめてみましょう。「その1」は、「この世界が存在するには何か原因があるのだから、その大元をたどれば神の存在にたどり着くだろう」という古典的な思考のことを指しています。しかし、それを否定するためにヤスパースは、「その2」の説を出してきます。世界が実際に存在することと、神の存在をイコールにしてしまったら、神っていったい何なのか、いっそうわからなくなるよ、ということです。たとえば、世界の果てがあるとすれば、その向こう側は神の力が及ばないのか、宇宙自体が終わりを迎えたら神は存在しなくなるのか、といった世界の存在と神の存在は直に結びつけないほうがよいのでは、とヤスパースは論を進めたわけです。

結局、「その3」のように、ヤスパースは、私たちが自由に生きていくなかで、啓示のように神の暗号をキャッチするしかない（神は実存にとって啓示されることとしてのみ存在する）と結論づけたようです。しかし、それでも完全に証明できるというわけでもなく、人間にはそのようなチャレンジが可能なフィールドが与えられただけだ（神の確認が可能である場所が示されるにすぎない）、という姿勢をとります。

そこで、ヤスパースの出した結論はこうです。

到達することのできない神の知のかわりに、私たちは哲学することによって包括的な神の意識を確認します。

（同、P67）

つまり「哲学を通じて感得されるものが神である」とヤスパースは考えたわけです。神について考えるフィールドが我々に与えられていること自体、神の存在とつながっているとヤスパースは考えたのです。ということは、本書におけるチャレンジ「死について哲学すること」も、同じように神とつながっているのかもしれません。

どうやって神を知るか——ヤスパースの「暗号」

先述の通り、ヤスパースは、神の知には到達できないかわりに、「哲学をする」ことによって神の意識を確認できる可能性《チャンス》があると考えました。ヤスパースが想起する神とは、人間にとって「具体的に考えることのできない」ものであり、どんな比喩も神と等しくないことがわかります。マンガ的な髭面のおじいさんの姿や、あるいは呪物崇拝される具体的なモノでもなければ、ジブリのアニメに出てくる動物に似た形状でもありません。

ヤスパースのいう神とは、「神の足跡」から本体を推察するけれども、本体のほうは具体的な像を描けないもの。あえて神を「比喩」するとすれば、それは神話であり、プラトンの思想や古代インド哲学や道教の思想にも、その試みがあるとヤスパースは指摘します。

神を信仰するということは、私たちが超越者の暗号とか象徴とか名づけるところの現象の多義的な言語として存在する以外には、いかなる仕方においても、この世界内において存在しないようなあるものによって、生きることをいうのであります。（同、P74）

「神を信じる」とは、人間にとって暗号とか象徴とか、そういう言語を超えたメッセージを受け取ることだということでしょう。言うなれば、微弱電波を拾い集めて、そのヒントをもとに神を想像するような途方もない積み重ねでしか、人間は神の姿を知り得ない。この「距離感」こそが、ヤスパースの信仰心の哲学的表現なのでしょう。

ヤスパースがここで提唱している「暗号」とは、一般的に想起される秘密の通信方法や、探偵小説に出てくるダイイング・メッセージみたいなものではありません。

では、ヤスパースの「暗号」とは、いったい何を指しているのでしょう。「暗号」の内容が具体的に語られているのが、『理性と愛と象徴　真理について』（小倉志祥・松田幸子訳、理想社）です。同書に基づいて整理すると、暗号とは以下のようなものです。

①普遍的なものは抽象的な形象を明示し、歴史的なものは具体的な形態を明示する

②暗号は世界実在性の中で与えられる、もしくは人間の形成物としてつくり出される

③暗号は直観的な諸々の神話のうちで、また諸々の思想的な思弁のうちで生み出される

④暗号は普遍的な形態においては抽象的であり、個人的な遭遇においては具体的である

⑤暗号は、事態はそうであるということを全体として感じさせる強調された実在性であるか、あるいはそこで全体が意識されるところの諸々の世界像であるか、実在的なものを超えて浮遊している諸々の理想であるか（神の国など）、あるいは諸々の範疇の中

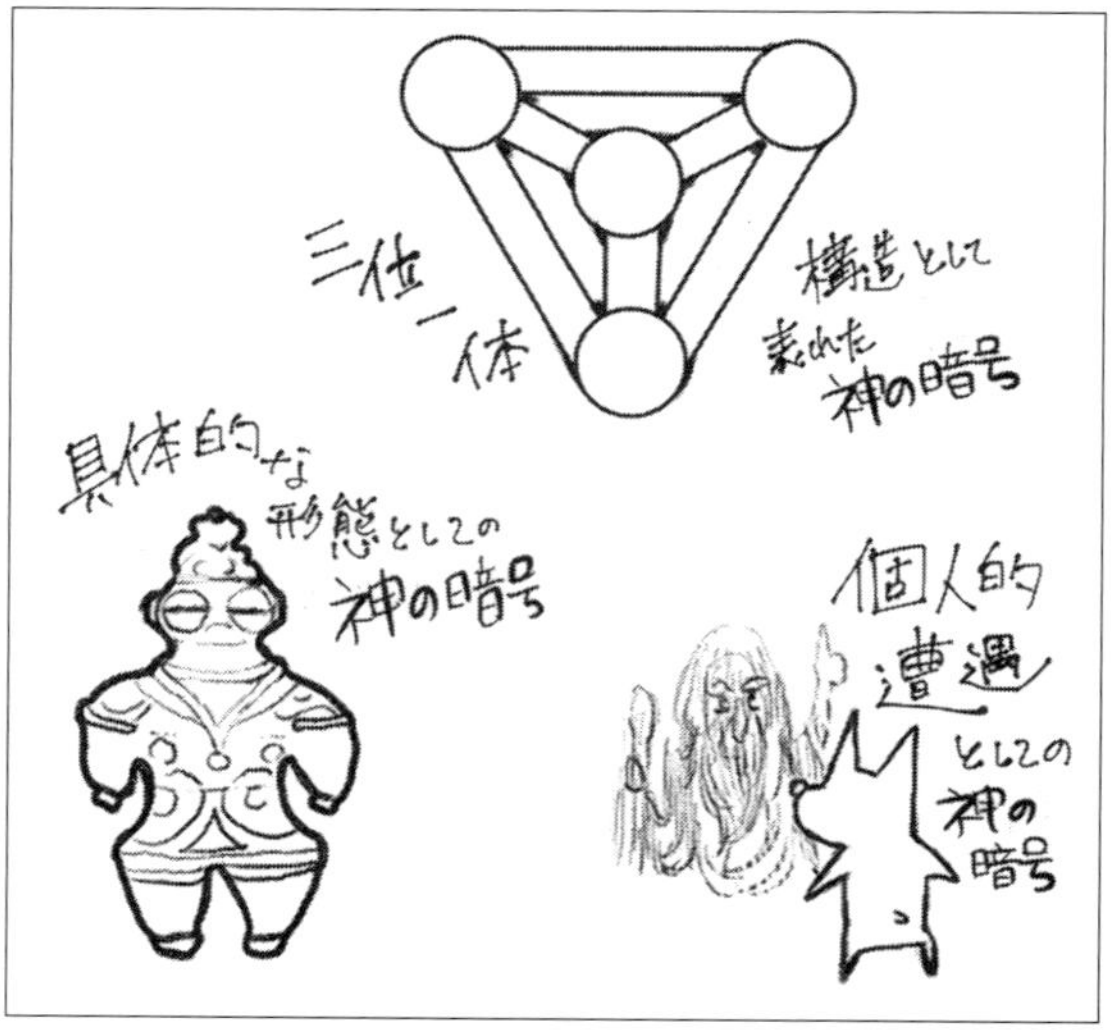

ヤスパースの「神の暗号」

で意識されるところの強調された存在の構造である（ここで構造の具体例として挙げられている暗号は「三位一体」）

暗号として顕れる神とユング

これらを踏まえれば、世界中のさまざまな神話に共通項が見出されることも、イエス・キリストの復活も、モーセの海割も、ソクラテスの死も、プラトンが提唱したイデア論も、何もかもが「世界」というノートに書かれた「神の暗号」ということになります。

個人がこうした暗号を受け取るとき、それが具体的な何かになるというのがヤスパースの考えであり、この件については、日常の偶然のなかに意味を見出す心理学者ユングの共時性に関する事例（体験）がわかやすいのではないかと思います。

河合隼雄によればそれは次のように説明されます。

ユングはこのような「意味のある偶然の一致」を重要視して、これを因果律によらぬ一種の規律と考え、非因果的な原則として、共時性（synchronicity）の原

カール・グスタフ・ユング
1875〜1961年　スイスの心理学者。ユングもニーチェと同じく牧師の子として生まれている。「集合的無意識」の存在を主張した。

理なるものを考えた。つまり、自然現象には因果律によって把握できるものと、因果律によって解明できないが、意味のある現象が同時に生じるような場合とがあり、後者を把握するものとして、共時性ということを考えたのである。
共時性の原理に従って事象を見るとき、なにがなにの原因であるかという観点ではなく、なにとなにが共に起こり、それはどのような意味によって結合しているかという観点から見ることになる。

（河合隼雄『無意識の構造　改版』中公新書キンドル版）

このように、ユングの心理学と結びつけて考えると、よりいっそうわかりやすくなりますが、その一方で、この世界で起こる出来事にいちいち神の暗号を見ようとするヤスパースの考え方は、危険性を孕むこともたしかです。あれもこれも神からの暗号だ、と考えていたら、日常生活に支障をきたします。たとえば、コンビニのレジ打ちのバイトをしていて、「前の客もガムとコーヒーを買っていたが、次の客も同じものを買った。これは暗号か？」などと物思いに耽っていたら、レジは大混乱となるかもしれません。
そこで、普段は取りあえず暗号の話は脇に置いておいて、時に、人生を振り返ってみて、ふとそこに意味を見出し、神話や哲学史に思いを馳せる、そんな時にヤスパースのくれた「ヒント」があれば、そこに神の存在を感じることができるかもしれません。また、少数派とは思いますが、インパクトの強い神秘体験によって信仰の道に入る人もいます。

ヤスパースは死後の世界をどう思い描いたか

人間の死後世界は「神の領域である」とするヤスパースの思想では、神は人間の思考を超越しているので、死後の世界は考えることができないということになります。ヤスパースは、神のこの「遠さ」を理解しながらも、「哲学する」という翼で飛ぶことによって、一瞬だけ神に近づけると考えます。それは、まるでテレビの人気番組「鳥人間コンテスト」のようなイメージです。長期間かけて準備をして、より長い距離を飛ぼうと懸命な努力をするけれど、たいていは、踏み切り台から飛び出したとたん、数秒も持たずにドボン。計算上ではどこまでも飛べるはずだったのに、ほんの一瞬、上空に羽ばたいただけで終わり。それでも飛び出さないよりは、飛び出したほうがゴールに近づけるのです。

ヤスパースはこう言いました。

われわれは途上に立ち続けている。

（『理性と愛と象徴　真理について』小倉志祥・松田幸子訳、理想社、P367）

賭けますか？　賭けませんか？　パスカルの賭け

ヤスパースの丁寧な思考をたどっていくと、最後に残るのは神が「いる」「いない」の二択となります。つまり、ヤスパースが「暗号」や「象徴」と考えているものも、見方を変えれば、「勘違い」「思い込み」「迷信」「幻影」「錯覚」となりえるのであって、それをどう考えるのかは、それぞれの選択によるわけです。また、死後の世界なども、ヤスパースによれば思考の範囲外なので、あるのかないのかは、考え方次第ということになります。

では、次の段階まで突き詰めて考えましょう。神や死後の世界の存在を「ある」と考えるのは、ある種の「賭け」ということになります。この「賭け」を提唱したのが、有名なパスカルです。パスカルは数学者でもあるからか、彼の哲学は、まるで数式のよう。あらゆる哲学を詰めていくと、どのルートをたどっても、この「賭け」にたどり着くのです。

以下は、パスカルの哲学的断章を集成した『パンセ』からの引用です。

神があるというほうを表にとって、損得を計ってみよう。次の二つの場合を見積もってみよう。もし君が勝てば、君は全部もうける。もし君が負けても、何も損しない。それだから、ためらわずに、神があると賭けたまえ。

（パスカル『パンセ』前田陽一・由木康訳、中公クラシックス、P176）

このパスカルの考え方は、かなりフェアではないかと思います。もし、神の存在に賭け、その賭けに破れたにせよ、リスクはありません。有神論に賭けたとしたら、神の祝福があるかもしれない。

いや、神に限らずどんどん賭けてみればよいという考え方が、もともと日本にはありました。日本には神仏がたくさん祀《まつ》られています。お寺や神社に行き、護摩焚きやご祈祷をしてもらう。なんなら「トイレの神様」にだって賭ければいい。賭けてもリスクはありません。それどころか、八百万《やおよろず》の神々がひしめく日本の場合、それを口実に観光旅行にだって行けます。こんなに楽しい賭けはありません。おもしろいから、楽しいからという理由で信仰するもよし、苦しいからすがりたくて信仰するのもよし、それが多

ブレーズ・パスカル
1623〜62年　「パスカルの定理」「パスカルの三角形」や「人間は考える葦である」のフレーズでも有名なフランス近世の科学者、モラリスト。

くの日本人の信仰スタイルなのです。

現代日本でヤスパースはどう解釈できるか

その反面、気軽に「信仰体験」ができる多くの日本人にとっては、真の信仰対象に出逢うということは難しいのかもしれません。たとえば、よい会社で働くためによい学校を出たいと思い、難関校を目指して受験勉強に励み、神仏に合格祈願をしますが、受かってしまえばハイ、それまでよ！　あっさりしたものです。

めでたく大企業で勤め出しても、企業内でパワハラなどに遭い、ふと、何のために生きているのかと考え込んだりもします。何を信じていいのかわからなくなり、ワラにもすがる思いで自己啓発セミナー等に大金を投じる人もいます。しかし結局、虚無感に苛まれる。

虚無感のさまざまなバリエーションが、並行して走っているような状況にあるのがいまの日本です。ヤスパースは「虚無からの救いは、いまや、本来の存在であり、自己の決断の根拠であるものを自由によって獲得するという、個人としての人間それ自身への要求以外にはありえない」（『哲学入門』Ｐ77）とし、虚無に立ち向かう理想の姿をソクラテスに見出します。虚無的な生よりも意味のある死（逃亡の機会があったのに、従容《しょうよう》として死刑に服した）を選択したソクラテスを賛美しているのです。残念ながら、自決を肯定するこうしたヤスパースの思想は、批判していたはずのハイデガーに「引っ張られている」感が否めません。

また、「われわれの存在意識のもつ性格は、死を直視した者だけが存在するということにある。本来的におのれ自身である者は、現象としておのれを賭けた者である（『哲学』P395）という言葉も、明らかにハイデガーの「先駆的了解（決意性）」の影響を感じずにはいられません。まるでデジャブのようにハイデガーの思想が見え隠れしています。

慎重に論を進めるヤスパースですら、いざ「死の意味そのもの」の考察となると、とたんに空中分解を起こし、はては批判していたはずのハイデガーの思考に取り込まれ、最終的には墜落してしまうようにも見受けられるのです。

とはいえ、死への不安や、信仰、死に対峙する態度（自己欺瞞なしに死ぬこと）については、ハイデガーよりも掘り下げていて、真理に近づこうとした跡が見られます。特に「暗号」として顕れる神にはオリジナリティがあります。この点でも、ヤスパース哲学を再検討する大きな意味があると著者は考えます。

現代日本にヤスパースは活かされるか

現在の日本で、ヤスパースの思想はどのように活かしうるでしょうか？

日本においても、イエの宗教に縛られずに個人主義的に信仰を求める傾向（先述の合格祈願のような現世利益とは別の次元で、イエの宗教とは関係なく個人的な動機で寺を巡ったり、カルチャーセンターで仏教講座を受講したり、キリスト教の教会に通ったり、という宗教ファン層の増加）が生まれてきていることからすれば、ヤスパースの哲学が何らかの指針になる可能性は高いのかもしれません。

一方で、近代以降、「信仰に頼ることは前時代的である」という思い込みが、ハイデガーを権威にまで押し上げたのではないかとも思います。ハイデガーが権威化するなかにあって、ヤスパースはある程度影響は受けたにせよ、その権威に依らず、素のままの人間が超越者の存在と向かい合う姿勢を再言語化しました。

国の内外、古今東西を問わず、宗教団体が組織化されていくと、その思想は、官僚的に硬直化しがちですが、ヤスパースはダイレクトに「神と人」との関係を再構築しようと試みました。すなわち、それは世界に超越者（神）からの「暗号」を見出すことでした。

ヤスパースの思想は、宗教も「個の時代」に適した形に変わりつつある日本の現状に対し、よい示唆を与えてくれるでしょう。つまり、時代がヤスパースにようやく追いついたのです。

第6章

無時間世界を生きるヴィトゲンシュタイン
対
革新的な死生観を示しながら壮絶死したサルトル

ルートヴィヒ・ヴィトゲンシュタイン

1889 ➡ 1951

オーストリア生れの哲学者。西洋哲学を終わらせたとされている。著書に『論理哲学論考』『哲学探究』など。

哲学者ヴィトゲンシュタインの最晩年は、他の哲学者と比べても、鮮烈かつ見事なものでした。その一点のみに着目しても、彼の死生観を深追いする価値があります。肉体が元気なうちは強気な発言をしていても、病床では信念を捨てて恨み節を垂れ流しながら死んでいった哲学者がいる一方で、ヴィトゲンシュタインは、ガンに蝕まれても鋼鉄のような論理力を保ち、さらには死の直前、彼はいわば「冴えたモード」に入り、それはある種の恩寵のような超越的な時間であったようです。そして、こんな言葉を残しました。

あの連中に言って下さい。わたしの生涯は素晴らしいものだった、と。

（「ヴィトゲンシュタイン小伝」『論理哲学論考』坂井秀寿訳、法政大学出版局、P26）

哲学の墓堀人、ヴィトゲンシュタインの死生観

ヴィトゲンシュタインの死生観は、シンプルです。自分の命をどれだけ真理の探究に使うことができるか、ただそれだけでした。ですから、肉体的な死は彼の完成された知性に比べれば、さして問題ではなかったようです。そして彼の真理の探究は、結果的に、なんと、哲学というジャンル自体を終わらせてしまうことになります。

ヴィトゲンシュタインは末期ガンと診断されてからも友人から多くの助けを得て、死の前日まできっちりと論文を書き、その友人に看取られ、カトリックの葬儀で弔われました（サイモン・クリッチリー『哲学者190人の死にかた』杉本隆久他訳、河出書房新社）。

ヴィトゲンシュタインの最期は、彼の死生観と完璧に同調しています。彼の思想は、前期と後期で急変しますが、一般的によく知られているのは主著『論理哲学論考』に端的に表現されています。それを前提に、彼の死生観をまとめれば、「哲学的な生活によって、人は無時間性のうちに永遠に生きる」というものです。だとすれば、彼はいまも永遠の中に生きている。なぜ永遠の中になんてことが可能になるのか？

それは追々、解き明かしていくつもりです。まずは彼の言葉を見てみましょう。

死は人生の出来事にあらず。ひとは死を体験せぬ。
永遠が時間の無限の持続のことではなく、無時間性のことと解されるなら、現在のうちに生きる者は、永遠に生きる。
われわれの生には終わりがない。われわれの視野に限りがないように。

（ヴィトゲンシュタイン『論理哲学論考』法政大学出版局、藤本隆志・坂井秀寿訳、P197）

「現在のうちに生きる者」とはどのような状態にある者なのでしょう。ヴィトゲンシュタインのノートによれば、それは「知の生活、美の観照を通じて達成される」（同、P197の注より）ものとされていました。

「時間なんてない」――ヴィトゲンシュタインの時間観念

ヴィトゲンシュタインの言葉の中に出てきた「無時間性」こそが、彼の死生観を解くキーワードだと著者は考えます。彼の言うところの「無時間性」については、イギリスの観念論者であるジョン・エリス・マクダガートの『時間の非実在性』（講談社学術文庫）のように、「現在とは何か」についてヴィトゲンシュタインの思想を再考する哲学書もあります。

哲学的に存在するのは現在のみであり、過去と未来は存在しないという論は、古典的なものから現在に到るまでさまざまなヴァリエーションがありますが、そうした哲学的な議論は現在も続いているのです。

また、ヴィトゲンシュタインの言う「無時間性」については、物理学的な観点からも再考の余地があります。物理学者が現在、時間に関してどのような研究を進めているかについては、松浦壮『時間とはなんだろう　最新物理学で探る「時」の正体』に次のような一節があります。

「一般相対性理論がプランクスケール以下では姿を変える」ということは、より具体的に言うなら、現在私たちが目にしている「距離の概念を伴う時間や空間」という構造そのものが、プランクスケール以下では意味を失うということです。これはちょうど、「物質は原子でできている」という私たちの常識が、原子よりも小さい世界では意味を成さなくなるのと同じです。すなわち、量子重力を考えるということは、時間でも空間でもないけど、繰り込みを実行して大きなスケールで見ると計量の概念を伴う時空になるような「何か」を見つけようというプロジェクトなのです。

（松浦壮『時間とはなんだろう』講談社ブルーバックスキンドル版）

ここでいう「プランクスケール」とは、量子化された重力の効果を無視できなくなるスケールのことです（プランクエネルギー、プランク質量、プランク長、プランク時間などがあり、たとえばプランク長は現在の物理学で記述できる最小単位）。

つまり、私たちは時間を川の流れのように考え、空間を広さと捉えていますが、最新の物理学では、原子よりも小さな、ごくごく小さな単位で考え直せば、既成観念の時間・空間とは別の法則があると仮定され、それに相当するものを現在手探りしている状況なのです。その中には、私たちが空間だと考えているもののうちに、すでに時間の要素が含まれていて、そこにさまざまな過去・現在・未来が含まれている、とする仮説もあります。

もしかするとヴィトシュタインが直観した時間の観念が、そういった最近の物理学的な尺度と親和性を持つ可能性もあります。『ドラえもん』のタイムマシンを観て育った世代（「ドラえもん」では時間は大河のようで、そこを船のようなマシンで往来します）にとっては、なかなか理解し難いものなのかもしれません。

このような物理学における時空観念は、2019年に配信されたネットフリックスのドラマ『アンブレラ・アカデミー』に反映されています。ドラマの中のタイムトラベルは「意識を停止した量子状態の自分に映写した」、つまり一般的な感覚ではなく、プランクスケールの世界の法則を利用したタイムトラベルであって、古典的なSF映画に登場するようなタイムマシン（時間を往来する乗り物）は登場しません。物理学の専門家でもない限り、わたしたちは、なかなか常識的な時間の観念を捨てられませんが、固定観念をいったん捨てるために、このような映像を手掛かりに発想の転換をしてみることも必要です。イメージがわいたところで、改めて、ヴィトゲンシュタインの時間の観念について見てみましょう。

いかなる出来事も、「時間の経過」と比較することはできない――かかる時間の経過は存在しない。われわれは一つの出来ごとを他の出来ごと（クロノメーターの進行というような）と比較しうるにすぎない。

（『論理哲学論考』、P191）

私たちが時間だと思い込んでいるものは、ストップウォッチの針の進み具合だけであって、時間の経過は存在しない――ヴィトゲンシュタインは、このように時間そのものを否定しています。この「無時間性」を生の無限性に結びつけたのがヴィトゲンシュタイン独自の死生観なのです。このような彼の鋭い直観は、彼の偏執的な性格と切っても切れない関係にありました。一般の感覚からすると、異様なまでのこだわりで思考の不純物を排除し、思考を研ぎ澄ますことに長けた人物でした。ヴィトゲンシュタインの厳密な哲学的態度からすれば、言語化しえない「死」については、完全に口を噤んでいるのではないかとも思えますが、彼の出した答えは「永遠」と「無時間性」で死を超えることだったわけです。彼は哲学的な思考を巡らせる時だけではなく、日常生活でもそのようなこだわりを持ち続けていたので、周囲の人々は振り回されっぱなしでした。その純粋すぎる思考は、おそらく現世的な常識を超越していたのでしょう。

キャラが濃すぎる哲学者

ヴィトゲンシュタインは、こだわりが異様に強く、常識に捉われずに生きた人であり、「哲学的思考のレベルで俗世間を生きると、どんな弊害が出るのか？」という実験のような一生を送りました。あまりに風変わりな人生となったので、1993年にイギリスの映画監督、デレク・ジャーマンが映画化しています。映画でも、キャラの異様さが強烈な印象を残しますが、実際のヴィトゲンシュタインの奇行を並べてみると、映画での描き方がかわいいと思えるほどに常軌を逸した人物であることがわかります。

以下は、ポール・ストラザーンの『90分でわかるヴィトゲンシュタイン』（青山出版社）と、『論理哲学論考』（法政大学出版局）に収録された「ヴィトゲンシュタイン小伝」から奇行の数々を整理したものです。

「電車に乗り遅れたときに、電車を一台丸ごと借りようとする」
「旅行に同行した友人が、景色を写真に撮っただけで激昂する」
「ノルウェーの辺鄙な土地（ボートでしか行けない場所）に引っ越し、論理学に打ち込む」
「せっかく手にした遺産を詩人に寄付しようとする（弁護士の助力により大部分は姉たちに渡ったようである）」
「第一次世界大戦中、志願兵になり勲章をもらう」
「トルストイの『要約福音書』を読んで、数日で聖書への信仰に目覚める」
「突然、修道院に入ろうとしたが、受付の修道士の感じが悪いので断念」
「人里離れた貧しい村で小学校の教員になったが、村に馴染めず追い出される」
「彼の精神状態を心配した姉が、精神を落ち着かせるために家の設計を依頼するが、非常に細かいところまでこだわりすぎて、大工を悩ませる」
「プロペラの研究に取り憑かれたことがある（現在は実用化されている）」
「修道院の物置を住居に借りて、庭師をしていたことがある」
「大学講師になってからも、服装は革ジャンとレインコート」
「友人たちと散歩に行ったとき、唐突に天体の動きを再現しようとぐるぐる回り出す」
これらの行動からヴィトゲンシュタインの人となりを分析するなら、「完璧なる完璧主義」

ではないかということです。彼は思想の世界における「高水準レベル」の理想を実際の生活上、現実の世界にも求めました。対人間でも、対物質でも、対哲学においても、完璧を求めるのは彼の性癖のようなものでした。友情にも完璧を求め、建築にも完璧を求めるわけですから、一般社会では極めてエキセントリックな人物と映っても仕方ないでしょう。本人は、常に真剣にものごとに向き合い、真理探究に邁進していただけなのです。

人間には日常生活のオンとオフがありますが、彼は常にフルスロットルの「オン」状態で生きていたようです。そして、俗世間のものごとは完璧にはいかないものです。そのギャップこそが、彼を奇行へと走らせ、またそれは同時に、真理探究への情熱になったのではないかと思います。

まるで宇宙人の思想

ヴィトゲンシュタインの思想の真骨頂は『論理哲学論考』にあります。彼の思想の内実は、ヤスパースとの違いを見ればわかりやすいと思います。ヤスパースが医者の目線で世界を「診察」し、カルテを書き、その中に神の足跡を探したのに対し、ヴィトゲンシュタインは宇宙人のような位置に立ち、世界を眺めました。いや、宇宙人どころではありません。宇宙のさらに外側から宇宙を眺めるに等しい視座に立っていました。彼の死生観が特殊なのは、時間についての独自の考察の他に、この視座にもヒントがあるでしょう。彼の思想の真髄がよく表現されているのは、『論理哲学論考』の「神秘的なるもの」の項目です。

世界がいかにあるか、ということは、より高次の存在にとっては、全くどうでもよいことだ。神は世界の中には顕れない。事実はすべて問題を課するのみで、解答を与えぬ。世界がいかにあるかが神秘なのではない。世界があるという、その事実が神秘なのだ。

（『論理哲学論考』、P198）

彼の思想をイラストにして、ヤスパースと比較してみましょう（次ページ）。ヤスパースが世界の内部に神からの暗号を探した（第5章）のに対して、ヴィトゲンシュタインは「神は世界の中には顕れない」と断言しています。ヤスパースは人類のレベルにいますが、ヴィトゲンシュタインは「あっち側（地球の外）」に立っている。つまり、「あっち側」からこの世界を眺めて、「この世界があること自体が神秘」であると気づいたのです。

神の視座を持ちながら、このごちゃごちゃした世界に生きることは、ヴィトゲンシュタインにとって、さぞかし難儀なことだったでしょう。彼の謎の奇行も、そう考えれば理解できます。

部屋にはサイがいる？？？

言語には限界があるということをヴィトゲンシュタインは見抜いていました。この世界のすべてを言語化することなど、たしかに不可能なことなのです。それはせいぜい言語のゲームでしかない。たとえば、「神」を言語化することなど不可能であって、言語のゲームの中で《仮》としてその概念が派生しているだけであり、神そのものとはまったく別ものです。その「ゲーム」を使って神の輪郭を描くことはできないと、ヴィトゲンシュタインは考えたわけです。

ヴィトゲンシュタインの知性は、哲学者に哲学の限界を悟らせます。

わたくしの言語の限界は、わたくしの世界の限界を意味する。
論理は世界に充満する。世界の限界は、論理の限界でもある。

したがって、われわれは論理の内部で次のように語ることはできない。
かくかくの物は世界のうちに存在し、あの物は存在しない、と。

（同、P168）

ヴィトゲンシュタインは、「この部屋の中にサイ（動物のサイ）はいない」ということすら論理的に納得しませんでした。自分には見えていないけれども、他者には見えている可能性、自分の認識能力も他者の認識能力をも超えた存在としてのサイが存在する可能性を徹底的に考え抜きました。

ばかばかしいような話ですが、厳密に哲学を詰めていくとなれば、現象学のようにある程度他者との共通の認識の枠組みがあると前提するよりも、ヴィトゲンシュタインのように、それすらも疑ってみる、という姿勢に軍配が上がります。

とはいえ、正直なところ、いま私の部屋にもあなたの部屋にも、サイはいないと思います。普通はそう考えます。ヴィトゲンシュタインは、そこでしつこく粘ります。もしかしたら、押入れを開けると、小型のサ

振り向くとそこにサイが？

イがいる可能性を完全には排除できない。机の下に光学迷彩をまとったサイがいるかもしれない、と考えてしまうのです。この本を読んでいるあなたも、後ろを振り向けば、「サイが微笑んでいる可能性は100%ない」とも言い切れません。そんなわけはありませんが、哲学的に、その可能性を否定しないのがヴィトゲンシュタインの面白さです。

なお、いまから後ろを振り向いて、万が一、部屋の中にサイがいたらご一報ください。

語りえぬものについては沈黙せよ

このサイの話を拡大してみましょう。

世界には宇宙人が存在することを否定できないし、ましてや神の存在を否定できるはずもありません。世界に対する畏怖と敬意が、ヴィトゲンシュタインの哲学には詰まっています。むしろ、神秘の領域を切り絵のように浮き上がらせるために、彼は論理で詰めていったのではないかと思います。

ヴィトゲンシュタイン以前の哲学者は、神との距離が近すぎました。お醤油が切れたからスーパーに買いに行くくらいの距離感で、神について語る哲学者が多いように思います。

著者は、ヴィトゲンシュタインの、神とのこの距離感が好きです。『論理哲学論考』にはこうあります。

哲学の正しい方法とは本来、次のごときものであろう。語られうるもの以外なにも語らぬこと。ゆえに、自然科学の命題以外なにも語らぬこと。ゆえに、哲学となんのかかわりももたぬものしか語らぬこと。――そして他のひとが形而上学的なことがらを語ろうとするたびごとに、君は自分の命題の中で、ある全く意義をもたない記号を使っていると、指摘してやること。

（同、P199）

要するに、哲学はいったんここで終わりにしよう、と言うのです。厳密なる学と称された現象学でさえも、ヴィトゲンシュタインの鋭い知性の前では疑いの対象になります。そうなると、現象学を出発点としたハイデガーの存在論も同様に見なされ、過去の哲学はすべて言語のゲームをしていたにすぎません。期待されていた映画のストーリーがまさかの「夢オチ」のようなことになってしまうのです。

ヴィトゲンシュタインのおかげで、人類の哲学双六《すごろく》は、ジェットエンジンで加速して一気に「上がり」にまで到達したようなものです。しかし、ヴィトゲンシュタインは、さらにその斜め上をいく人物であり、この結論すら「ちゃぶ台返し」をして結論に至ります。

わたくしを理解する読者は、わたくしの書物を通りぬけ、その上に立ち、それを見おろす高みに達したとき、ついにその無意味なことを悟るにいたる。まさにかかる方便によって、わたくしの書物は解明をおこなおうとする。（読者は、いうなれば、梯子を登りきったのち、それを投げ捨てなければならない。）

読者はこの書物を乗り越えなければならない。そのときかれは、世界を正しく見るのだ。語りえぬものについては、沈黙しなければならない。

（同、P199〜200）

ただし、この「語りえぬもの」については、後期になると、ヴィトゲンシュタインの言語観の変化により、その対象が大幅に広がります。哲学者の永井均はそれを「後期において、すべては言語ゲームになったのである。後に残るのは、言語ゲームの中で語りえず、それを実践することの内に示されるなどとも言えないものである。しかし、それなくしては何もないと同じであるようなものである」「彼はもはや『語りえぬものについては沈黙しなければならない』という言葉すら発することはできない、発してはならない地点まで歩みぬいた」（永井均『ヴィトゲンシュタイン入門』ちくま新書キンドル版）と述べています。

となると、後期ヴィトゲンシュタインの思想に基づいて哲学するとすれば、「死」は「死」という言葉を発した時点で言語ゲームに絡め取られてしまいますから、「死」という言葉すら発してはならないことになります。

しかしながら、哲学者本人が「読者はこの書物を乗り越えなければならない」と述べたように、彼の言いなりになることもまた正しい読み方ではありません。

読者は、いうなれば、梯子を登りきったのち、それを投げ捨てなければならない。

（同、P200）

死への不安と恐怖――ジャンケレヴィッチ

思考のジェットエンジンで跳躍するヴィトゲンシュタインの背に乗り、宇宙の外側から「世界」を眺めると、世界が存在することそのものが神秘です。しかし、彼以外の多くの哲学者たちはそれに気づかず、その内部で言葉のボールを壁に打ち付け、その跳ね返

りをまた打ち続けるスカッシュ（言語ゲーム）を繰り返していたにすぎません。

しかし、ヴィトゲンシュタインが哲学は無意味だと言ったとしても、どうしても、頭をもたげてくるあの正体不明の「不安」が私たちの心の中に改めて浮き彫りになります。そう、「死ぬのが怖い」という、シンプルな未知なる死への不安・恐怖です。死そのものには、質的にも量的にも不安も恐怖も関係はありませんが、死を前にしたこの不安をどうすればよいのか？　この不安に関して深く考察をしたのが、フランスの哲学者ウラジミール・ジャンケレヴィッチ（1903～85）です。

……死の瞬間はいかなる概念化も受け付けない。われわれは死一般をなんらかの一つの範疇におしこんで思惟の対象としようとした。

（ジャンケレヴィッチ『死』仲澤紀雄訳、みすず書房、P246）

死の瞬間は一つの最高だろうか。それは苦痛のもっとも激しい度合、あるいは、病悪のもっとも極度の《強度》に相当すると人は言うかもしれない。

（同）

死は、人が一つの経験において人間に許されたものの極致、その尖鋭な縁まで達するとき、人が途中でやめることなくその経験を掘り下げるとき、出会うものだ。死は深みの最低の底、高さの最高の頂き、あらゆる距離の極致の端、あらゆるクレシェンドの最後の段階、一言で言えば、絶対にまでもたらされたあらゆる経験において人が越えることのできない限界だ。死は、人がすべての大通りをいかなる方向にせよ限りなく延長するとき、その端にある。（同）

ジャンケレヴィッチは、死の向こう側にはあらゆる論理を越えた彼岸があると想定しています。その考察は一般的なものですが、特筆すべきは、現世における死への諸段階の考察が、他の哲学者には見られないほどのきめ細やかな点にあります。死を「無ではなく、ほとんど無」という精妙な表現で描写しているのはその一例でしょう。

死は生の終焉であり、生の終焉は非生の始まり、あるいは、後生を信ずるものにとっては、後生の始まりだ。それ以上のなにものでもない。ところが、なにものかが欠けている。

（同、P292）

生の終焉と、後生の始まりの間に欠けていたもの、それは生から死への「瞬間＝移行自体」であるとジャンケレヴィッチは指摘しました。この瞬間については、他の哲学者がことごとく見逃している一方で、サブカルチャーのクリエーターが描いているケースが見られます。アメリカ映画『ウェイキング・ライフ』（2001年）は、生から死への移行の内面世界をアニメーションで描いたものです。また、インドの宗教から多大な影響を受けたイギリスのロックバンド、クーラ・シェイカーの曲「Grateful When You're Dead」（1996年）の歌詞に「その瞬間」への言及があります。

哲学書や芸術作品において、他者の死を外側から眺めて描写するものはたくさんありますが、主観的にその移行の瞬間を捉えることは非常に難しいでしょう。なぜなら、生きている人の中でそれを経験した者がいないからです。

「その瞬間」を描写するには、不安や恐怖に耐え、想像力をフル回転し、それを言語化する必要がありますが、そのようなことをした哲学者やアーティストはごく稀です。死に関して、「移行の瞬間」という灯台下暗しの発見がこれだけ遅れたのも、哲学者といえども逃れられない死への不安と恐怖のせいだと思います。

ヴィトゲンシュタインを超えるサルトル

ヴィトゲンシュタインやジャンケレヴィッチを超えていくとして、次にはどんな思想があるのか？　ここに至るまでに、形而上学的なものも、現象学的なものも、創作品も、信仰に頼るものも、すべての死生観が出尽くしたのではないかと疑問に思われるかもしれません。しかし、まだ「見落とし」があったのです。

これまでの思想家は、人生という物語の延長線上に死を位置づけ、死を先駆して人生という物語の充実を図ったり、あるいは生の延長としての死後の世界を補完したりなど、どこか生と死を一連のものと考えていました。

しかし、ここでまったく新しい死生観を提示した人物が登場します。かの哲学者サルトルです。彼は、生と死は関連しないという死生観を打ち出しました。これには虚を突かれます。「そもそも死には意味など見出しえない」ということを指摘したのです。

不安が実存主義に回帰させる

サルトルの思想を検討する前に、死の不安について思いをめぐらせてみましょう。チリ出身の映画監督、アレハンドロ・ホドロフスキーの作品『エル・トポ』（1970年）には、まったく死を恐れない仙人のような男が登場します。彼は哲学的に特異な存在として描かれ、「死を恐れない人物が存在すること」自体が哲学的な問い掛けとして浮かび上がります。ここで、この仙人とは対称的と言えそうなハイデガーの哲学を思い出してみましょう。「死を先駆して決意する」という人間精神的な強靭さを前提にしたその思想においても、死への不安は解決できないままでした。『存在と時間』に「不安」の文字が登場する回数を数えてみると、意外な事実にハタと気づきます。「不安」「不安」「不安」「不安」「不安」………。ハイデガーの主著は、実は「不安」という文字のオンパレードなのです。

不安の対象においては、「それは無であって、どこにもない」ということがあらわになる。

（ハイデガー『存在と時間II』原佑・渡邊二郎訳 キンドル版）

不安がることは、根源的に、また直接的に、世界を世界として開示する。

（同）

いかめしい髭面、そして硬質な文体の影に隠れていてわかりにくいのですが、『存在と時間』を超訳の上、レビューするとすれば、「いつか来る死、そしてその死がもたらす無への不安が、彼の哲学の根底に居すわっている」ということになるかもしれません。ハイデガーが、この「不安」をなんとか生の質を高めるための材料にしようとした痕跡は、彼の著作に刻まれていますが、それでも不安自体が解決したとは言い難いのです。かといって、わたしたちがヴィトゲンシュタインのような超越的な視座を獲得するのは極めて難しく、やはりどうしても、死の不安と恐怖を取り除くことはできません。ヴィトゲンシュタインは死の間際、超人的な研究活動に没頭していたようですが、最晩年の彼の知性は、人間の領域を超えていた可能性すらあります。

ですから、私たち人間は、「どうあがいても死から逃れられない」ことに気づいた瞬間から、途方もない不安とともに生きることになり、その不安こそが実存主義に回帰させる原動力ともなるのです。そうならばと、「人が死の不安と折り合いをつけながら、実際にどう生きていくか」という問いに、答えを示したのがサルトルでした。彼は主著『存在と無』において、ヤスパースとはまったく違う角度からハイデガーを斬っています。

サルトルは、ハイデガーがしていたことは哲学ではなく、手品のようなものと批判しています。死は老若を問わず、近づいているかもしれないし、遠ざかっているかもしれないと指摘し、〝偶然〟が死を決定すると述べています。死とは、ハイデガーが言う「生を意味づけするもの」ではなく、むしろ、生の意味を奪取する不条理かつ破壊的な存在だとサルトルは考えました。

ハイデガーは、人間の生というものを、若いうちは精力的に活動し、ゆっくり老いてフィナーレを迎える大団円のドラマと想定しているように見えます。しかし、いつ不条理な死に見舞われるかも計り知れない人間の生において、そのような見通しは「詰めが甘い」と言われても仕方がないでしょう。厳密な現象学に基づく存在論を展開しているに見えて、その裏には楽観主義が隠れており、その見通しの甘さゆえ、死の不条理性に気づかなかったのです。そこを突いたのがサルトルでした。

ジャン・ポール・サルトル

1905 ⬇ 1980

フランスの哲学者。ノーベル文学賞の受賞を拒否した小説家・劇作家でもあり、戦後の思想界のスーパースター的な知識人だった。

死は虚無である――サルトルの死生観

「偶然が死を決定する」というサルトルの死生観は〝コロンブスの卵〟のようなものです。主著『存在と無』（ちくま学芸文庫）には、「突然の死」と「老年の死」は質が異なるという指摘があります。ここでは、まず著者の体験を枕にサルトルの思想を見ていきます。

著者は、大学院時代に葬送文化を研究し、その一環として日本各地の墓地をフィールドワークしました。さまざまな墓地に足しげく通っていると、早世者の墓はすぐにわかるようになりました。というのも、早世者の墓の多くは墓石が圧倒的に大きく、デザインも凝ったものが多いからです。彼らが生きるはずだった時間の量と質を変換するがごとく、墓全体が巨大なのです。墓誌を見ると享年がわかりますが、彼ら早世者が「生きるはずだった時間」を自分が浪費しているのではないかと、考えさせられることもずいぶんとありました。彼らが、生きている者たちに投げかけてくる強いメッセージを感じたような気がしたのです。そのような感覚を何度も経験したため、サルトルの言う「突然の死」が持つ異質性の考察は、妥当であると考えるようになりました。

サルトルは、生物学的にはそれらの死に差異はないとしながらも、「自己欺瞞によってしか、老年の死を期待することができない」（『存在と無』Ⅲ、松浪信三郎訳、P271）と述べています。つまり、私たちが一般的にイメージする「死」とは、老年期に何らかの原因で死ぬというものですが、「それは自分自身を欺き、騙しているにすぎない」とサルトルは言うのです。不意に死ぬ（偶然が死を決定する）可能性に目を瞑り、騙し騙し老年期が来るのを待っているだけ――それこそがサルトルの言う「自己欺瞞」でした。過去の哲学者で、この問題に言及した者はいませんでした。「死は《その間に》襲ってくる」（同、P296）とし、有限性と死には何のかかわりもないと考えました。サルトルは、ハイデガーの死の観念に対して、次のように反論しています。「ハイデッガーにさからって、こう結論しなければならないが、死は私自身の可能性であるどころか、むしろ、死は、一つの偶然的な事実である」（同、P293）。

ハイデガーの死生観では、死は「完成」であり、双六の「上がり」です。しかし、死が「人生経験の積み上げのゴールであれ」というのは、人間の切なる「願い」ではあるけれども、天国などの後生を想定しない限り、誕生前と死後に差異はありません。サルトルは「死は誕生前と同じものだ」と指摘しています。つまり、ゼロから来てゼロに戻るだけであり、そこに意味を見出しえない。いわば、死とは「虚無」なのです。ニーチェの場合は、生を繰り返す（永遠回帰）ことで生を補強し、死の意味を消しましたが、サルトルの場合は、「無」から「無」へと戻るだけです。

死とは、生の延長線上にあるのではなく、生と死の境界には意味も意義もないとサルトルは考えたわけです。さらに、死によって後世に何かを示すということを賛美しませんでした。ヤスパース（第5章）のように、信じるもののために死ぬソクラテスを賛美することもありません。このようにサルトルは、極めて冷静に死の暴力性を見つめていましたが、その死生観に反して、自身の死に方はあまりカッコいいものではありませんでした。

彼は死が近くなるにつれて、それまでの自論を翻してキリスト教への信仰告白をしたものの、心身ともに崩壊するように死に向かったのです。死の不条理や暴力性を的確に論述できたとしても、我が身にそれが降りかかろうとする際に、冷静に自らの哲学を貫くことはできませんでした。むしろ、死の暴力性をあますところなく把握する知性を備えていたとことこそが、サルトルの苦悩の源だった可能性もあります。

『探偵物語』最終回の死とサルトルの死生観

1980年に亡くなったサルトルと同時代の日本のドラマに『探偵物語』(1979〜80年、日本テレビ)があります。

松田優作の大ファンを自認する著者は、出演作品のほとんどすべてをコレクションしているのですが、彼の出演作はその多くが彼自身の早世を予見するかのように、「死」を色濃く感じさせるものです。鈴木清順監督の映画『陽炎座』(1981年)は、最初の登場シーンから、主人公はすでに死んでいる設定であり、『太陽にほえろ』(1972〜86年、日本テレビ)のジーパン刑事の殉職のシーン(「なんじゃこりゃあ」のセリフ)は有名です。

こうした作品中でも、『探偵物語』最終回のラストに起こる主人公の死は、あまりにも唐突なものでした。本編の一連の流れとはまったく無関係に、主人公はあっさり死んでしまいます。その死の原因となった脇役は、これまでの仲間や敵ともつながりがなく、本編のストーリーとはまったく関係のない外部の世界からの闖入者でした。

長い間、このシーンがさっぱり理解できずにいましたが、今回、さまざまな哲学者の死生観を整理していて、ふと気づきました。これは、サルトルの死生観に通じるのではないか？　ヘーゲルやハイデガーにとって、死は何らかの物語のプロセスや延長線上にあります。しかし、サルトルの死生観によると、生と死は地続きではないのです。

彼らの死生観を比較したのが、次ページのイラストです。キルケゴールの思想では、死はキリストの存在に跳躍する契機であり、ハイデガーは生の延長線上に死を置きました。ヘーゲルは絶対精神の現われとして、歴史の中に個人の死が弁証法的に位置づけられます。ニーチェの場合は、死は永遠回帰の単なる通過点になります。

ところがどうでしょう！　サルトルの場合、生と死に因果関係などないのです。虚しく、意味もなく偶然に「あちら側」に戻されるという死生観が、それまでの物語とは何の因果もなく主人公が死ぬ『探偵物語』の最終回と重なります。サルトルの死生観においては、生前の努力も善行も、死と死後に何も関係を持ちません。

おそらく、現在の日本のテレビドラマで、このような演出をしたら理解されないのではないのでしょうか。サルトルがこの死生観を提示したことに意味があるとすれば、これまで顧みられなかった「死の不条理性」に哲学的な光を当てたことなのかもしれません。

本項の執筆時、新しい「令和」の時代となりました。「平成」という時代を振り返ると（平成元年は1989年）、日本人は、東日本大震災や地下鉄サリン事件などの不条理な死に直面し、心のどこかで常に「死」を意識していたと思います。「不条理な死」とは、「死の不条理性」であり、それは「不条理な生」でもあります。日本に限らず、世界を見渡せば、そのような生と死はいくらでもあるのです。

自分の思想の虚無に耐えられなかったサルトル

サルトルの死に関する哲学的考察の結論は「思考停止」、すなわち死への全面降伏でした。

われわれは、死を考えることも、死を期待することも、死にさからって武装することもできないであろう。

（サルトル『存在と無III』松浪信三郎訳、ちくま学芸文庫、P299）

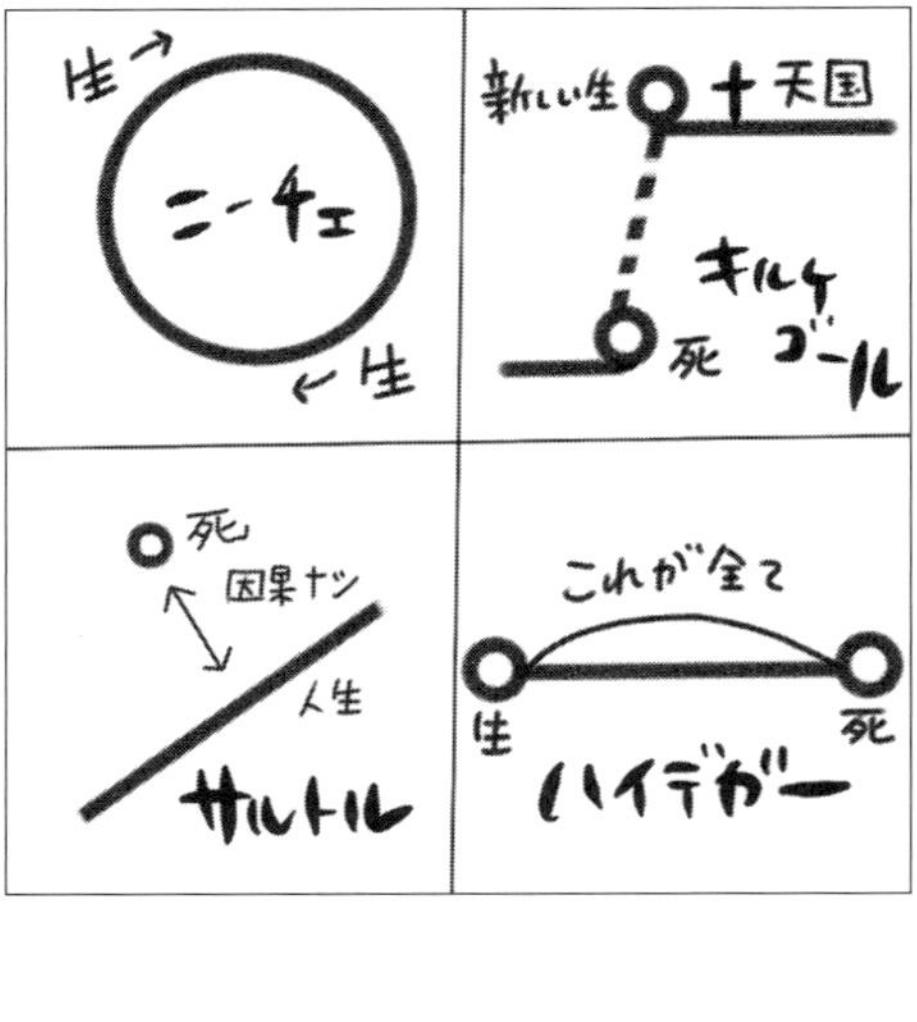

神の救いもなければ、「死」を意味づけることもなかったサルトルは、「ありのままの死」を宗教に頼ることもなく言語化しました。これはヴィトゲンシュタイン後期の思想にも通じると思います。これまで見てきたように、ヴィトゲンシュタインは、世の中のものすべてを言語に置き換える言語ゲームが哲学の限界だとしましたが、その考えからすれば、死

の観念は「死」という名詞に置き換えられますが、事象の内実は言語ゲームのうちにはありません。ジャンケレヴィッチの言う生から死への「瞬間＝移行」に何が起こるのか、それを経験した者はいないからです。ですから、死を語るとしても、「死を語ることはできない」という不可能性を語るしかないことになります。サルトルは、この「死」の語りえない性質を肯定しました。

しかし、この虚無にサルトル自身が耐えられなかったのか、死の数年前には、自身の存在の根拠として神を設定し直しています。要するに、調子のよかった時代の自分の思考の重みに、サルトル自身が全面降伏したのです。

ちなみに、死に全面降伏する以前のサルトルの「無神論」は、一般的な無神論とは少し違っていて、そこには神の観念が絡まない人間中心の無神論というものでした。

サルトルの無神論は、たとえ神が存在したとしても人間中心に考え、神が存在しないとしても同じ態度（無神論的実存主義）で臨みます。そういった幅のある無神論が、彼の本来の態度のはずでした。

サルトルの悲惨な死に方

サイモン・クリッチリー『哲学者１９０人の死に方』（河出書房新社）によれば、サルトルの死は悲惨なものでした。麻薬中毒で壊疽《えそ》を起し、酒でボロボロになって死んだのです。葬儀には5万人もの民衆が参列しましたが、死の直前、彼の思想はかなり混乱していました。パートナーのボーヴォワールとの対話では、神の存在（自分が存在する原因は神の手にある）を語り、他方では、死については考えない、という姿勢に転向しています。つまり、堅い信仰を持った一方で、死に関し思考停止するという、どっちつかずとも言える状態で亡くなったということになるでしょう。

となれば、サルトルの思想には一貫性がないことになります。脂の乗った時期には無神論的実存主義を掲げたものの、死が近くなると、結局のところ自身の存在を神に託し、それでいて死の不安には思考停止でやりすごしたのです。

しかし、この一貫性のなさも、彼の実存主義からすると「あり」なのです。サルトルの他者の概念では、「昨日の自分」ですら他者だからです。そのため、サルトルにとっては、無神論者の自分すらも乗り超えられるべき他者であり、その結果、信仰する自分がいても、それはそれで彼の実存主義と矛盾しないのです。

人間は机のようには定義できない存在

このトリックのような思想をイラスト（180ジペ）を交えて説明してみましょう。

たとえば、コーヒーカップ、机、椅子は、コーヒーを飲むため、カップを置くため、座るため、というモノとしての役割は不変です。目的（本質）がはっきりしているからです。ある日突然、椅子が意識に目覚めて、「もう椅子は辞めます」と宣言し、自ら机になることはできません。

では、人間はどうでしょう。人間はそもそも「本質がわからない存在」です。そこをサルトルは強調したのです。本質がわからない存在であるがゆえに、「認識の力」によって昨日の自分をフルスイングで否定しても、サルトルの思考ではなんら問題はないという理屈になります。昨日の自分が無神論者であっても、意識がその過去の自分を点検し、冒険してみる（変わる）ことができる。すると、昨日まで無神論者だったのに、神を語る今日の自分が、新たにそこに存在したとしても問題はないわけです。

これは「開き直り」にも見えますが、「もともと人間の存在が何なのか定義できないのに、昨日の自分と今日の自分が同じ自分のわけがないでしょう」ということです。サルトルの無神論時代の思想は、「実存主義はヒューマニズムである」という講演に見られ、そこでは、以下のような人間観が示されています。

実存が本質に先立つとは、この場合何を意味するのか。それは、人間はまず先に実存し、世界

内で出会われ、世界内に不意に姿をあらわし、そのあとで定義されるものだということを意味するのである。

（サルトル「実存主義はヒューマニズムである」『実存主義とは何か』伊吹武彦訳、人文書院、P42）

実存が本質に先立つとは、簡単に言えばこういうことです。

みなさんは、初めて自意識が芽生えた時のことを覚えていますか？　著者は仏壇の前でテレビアニメを見ていた時（1981年、2歳頃）に、「あれ？　自分は生きているな」ということを、はっきりと意識したのでした。

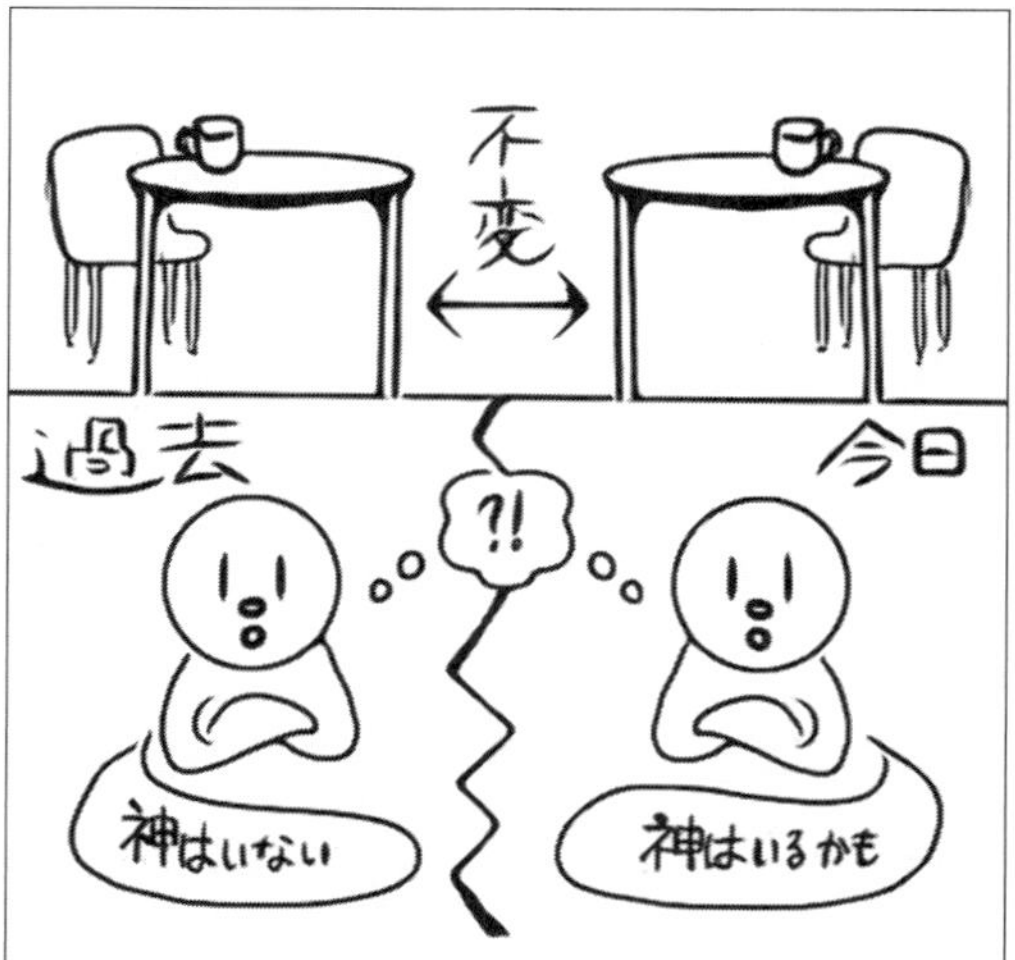

その前にも私は存在していたはずなのですが、明確な意識はなく、生かされているという状態だったのでしょう。その初期状態（実存）から自分の本質を模索していかねばならない段階へと移行し、数々の模索が失敗もしくは成功し、試行錯誤の末に現在の私（著者）

の本質が形作られていきます。これこそがサルトルの人間観です。

何ものも、明瞭な神意のなかに存在してはいない。（同、P43）

キリスト教徒が自分自身の絶望とわれわれの絶望とを混同し、われわれを絶望者と呼ぶのはただ欺瞞によってである。（同、P81）

ここで思い出されるのは第1章のキルケゴールの思想です。

キリスト教徒にとっての絶望は、信仰を捨てること。キリスト者として生きるキルケゴールにとっての絶望は、人と神との「関係」の挫折だとしましょう。それに対して、サルトルの無神論的実存主義の人間観では、神はいてもいなくても、人間としてどう生きるかというものでした。その視座からすれば、無神論的実存主義の人間観における生き方を、キリスト教の信者から「絶望者」と呼ばれるのは心外だ、ということになります。しかし、引用文に「明瞭な神意」という但し書きがついているため、あくまでも神意を否定しているわけではないが、というデリケートさを含んでいることにも留意しなければなりません。このバランス感覚がサルトルの無神論の醍醐味だったわけです。

しかし、バランサーとしての手腕を発揮したサルトルが、その30年後には神への信仰を全面的に語るようになるのですから、本当に人間の本質というのはわからないものです。要するに、サルトルは彼自身の強がり（サルトル風には、まさに〝自己欺瞞〟かもしれない）をやめたのでしょう。

サルトルもハイデガーも、結局のところ「死ぬのが怖い」という不安を哲学的饒舌で隠していたにすぎないのではないでしょうか。

ヴィトゲンシュタインとサルトルから何を学べばいいのか

ヴィトゲンシュタインとサルトルの死生観を、私たちはどう理解すればいいのでしょう。ヴィトゲンシュタインのように死の直前まで論文を書き、そこに永遠性を感じ取れるほど意識の高い人間は稀だと思いますし、麻薬中毒になり、ボロボロになって死ぬまで、堕ちに堕ちていくサルトルの〝才能〟もまた、普通の人間は持ち合わせていません。

私たちが学べることは、以下の二つにまとめられると思います。

サルトルの実存主義からは、「死の直前であっても、過去の自分を克服し、新しい自分として生きていくことができる」ということ。過去の栄光があればあるほど、過去の自己イメージにしがみついてしまうものですが、もともとすべての人間は「何者でもない」のだから、自分がどうあるべきなのか、そのつど「新しい自分」を意識していくことが大切なのです。サルトル本人の晩年の態度はさておき、彼の思想から学べることは多くあります。

ヴィトゲンシュタインからは、たとえどのような状況に置かれようと、目的本位に生きる美しさ、清々しさを学ぶことができます。死の直前まで真理を探究した彼の態度は、哲学者として理想的なものです。そのように目的にフォーカスすることで、死への不安を超え、「永遠性」を感じることができる。ここに人間の未知なる可能性を感じます。

沈黙を守るべき?

本章を振り返ると、ヴィトゲンシュタインが、死に対して最終的に下した哲学的態度（神秘には沈黙する）は、哲学の「終焉宣言」でもありました。しかし、私たちの当面の目的である「死生観」の探究においては、まだ別ルートが残されています。

それは、宗教思想家たちの思索をめぐることです。

もしも、この哲学から宗教思想への乗り換えは嫌だなと思うのであれば、いったんここ（哲学的結論）で停止しても構わないと思います。もし興味がわけば、哲学思考の限界（終着駅）まで行き、そこから違う路線に乗り換えをすることも可能なのです。乗換駅まで運んでくれたのは哲学でしたが、乗換後の電車（宗教家）のほうが、より遠くまで行けそうな気がします。次章からは、『銀河鉄道999』に乗車するイメージで神秘の世界に向けて発車しましょう。

第7章

死から甦ったキリスト
対
いまも生きている空海
そして、日本的霊性を発見した
鈴木大拙

イエス・キリスト
BC4 ↓ AD30

ヴィトゲンシュタインが沈黙の決断を下した「神秘」の領域に、いよいよ突入しようと思います。死に関わる問題で、人類が歴史上遭遇した神秘といえば、キリストの復活と、弘法大師空海が高野山・奥の院で現在も生きているとされる信仰。よく知られているものでは、この二つが挙げられると思います。

一方で、生死のラインを超える体験として語られる「臨死体験」に関しては、すでに数多くの研究がありますし、その種の体験を、著者は個人的にはある程度まで信じていますが、その方向性で論を進めると、収拾がつかなくなります。医学的な領域とスピリチュアルな領域が入り混じるオーラルヒストリーとしての臨死体験については、今後研究が進む分野とは思いますが、本書では扱わないことにします。

キリスト教の開祖。捕らえられ十字架刑に処せられた。死後３日目に復活。宗教家の中で、死を克服した稀有な存在である。

キリストを哲学的にどう考えればいいのか？

古今東西、哲学者の思想を横断しても、やはり克服できないのが「死」と、その周辺の人間の意識、不安と恐怖の問題です。ここで改めて、死を克服したとされるイエス・キリストの存在が浮かび上がってきます。

ハッキリと「死を克服した人間」と言えないのは、教義上、イエス・キリストはマリアが聖霊によって宿した「神の子」とされているからです。これは信仰のあるなし、宗派の違いなどに関わらず、教義的には、キリストは人間ではありません。

ルネサンスまでは、哲学は神学の範疇にありました。中世イタリアを代表する神学者トマス・アクィナス（1225〜74）は、人間を理性的な存在とし、その限界をわきまえながらも、神を神秘をも含むあらゆる実在に対して自らを開いていけることのできる存在と見なしました（山本芳久『トマス・アクィナス　理性と神秘』岩波新書）。これは当時、理性のみで成立してしまうアリストテレスの哲学体系を、神学の中でどう解釈するのか？　という論争から導き出されたものです。

キリストや空海などの生死を超えた（とされる）存在を、哲学的にどう解釈すればいいのかに関しては、この中世の論争と、その答えとしてのトマス・アクィナスの論を参考にするとつながるのではないかと思います。つまり、理性を保ちながら「あちら側」に自らを開いていくというスタンスを学ぶことができるのです。

ただし、トマスの論に関連する議論を掘り下げていくと、神学の論争（人間の普遍性とは何か、天使とは何か、など）の渦中に飛び込むことになり、神学のジャンルを知らない者にとっては複雑な迷路に迷い込むことになりかねないため、ここはトマスの人間観（人間の理性には限界があるが、自己を超えて神秘的な存在に自己を開くことが可能である、という考え方）を参考に論を進めていきたいと思います。ヴィトゲンシュタインが沈黙した〝神秘〟について、より深い思想の可能性を中世哲学は示していると思います。

とはいえ、死生観を考える際に、ロールモデルとしてのキリストは、あまりに遠すぎる存在です。キルケゴールはキリストを模倣して生きようとしましたが、俗世からはバッシングを受け、苦しい一生を送りました（第1章）。私たちもキリストのように生きよう、というわけにはなかなかいかないですし、そもそもキリストは人間ではないとされています。中世の神秘思想家であるトマス・ア・ケンピス（1380頃〜1471）は、著書『キリストにならいて』において、繰り返し、人間が神の前で謙虚であるべきこと、哲学的知識は、信仰の前では何の役に立たないと諭しています。

しかし、このまま立ち尽くしているわけにもいかないので、聖書の中から、比較的わかりやすい事例を探して考えてみましょう。第1章、第2章でも取り上げた、キリストの力によって復活したとされる人間「ラザロ」です。キリストは大きすぎるけれども、人間ラザロであれば、少しは身近に感じることができるでしょう。

「ラザロの復活」から知るキリスト

ラザロとはどのような人物なのでしょう。彼は第1章でキルケゴールの『死に至る病』の引用に即して、すでに登場していますが、ここでは新約聖書に即して、さらに詳しく見ていきましょう。

最初の手がかりは、『ルカによる福音書』10章「マルタとマリア」にあります。ここではラザロの名前は出てこないのですが、のちに姉妹マルタとマリアが、復活するラザロの家族だということがわかり、ラザロの存在が浮かび上がってきます。ちなみに、ここで登場する「マリア」はキリストを生んだ「聖母マリア」ではありません。聖書入門でよくつまずくのは、聖書の中に同じ名前の人物が複数出てくるため、間違いやすいという側面があります。

「マルタとマリア」

一行が歩いていくうち、イエスはある村にお入りになった。すると、マルタという女が、イエスを家に迎え入れた。彼女にはマリアという姉妹がいた。マリアは主の足もとに座って、その話に聞き入っていた。

（日本聖書協会『聖書　新共同訳』）

エピソードはここから始まります。マリアはキリストの身の回りのお世話をせず、キリストの足もとでただ話を聞いているだけでした。その態度にムッとしたマルタは、キリストに「手伝ってくれるようにおっしゃってください」と頼むのです。するとキリストはマルタに「マリアは良いほうを選んだ。それを取り上げてはならない」と諭すのでした。マルタとマリアの姉妹が対照的な存在として描かれているこのエピソードは、多様な解釈が可能です。著者はこれを性別による役割分担の問題と読みました。これは今日でも「あるある話」であり、女性は「学ぶよりもこまごまと男性のために動いたほうが好かれる」というステレオタイプであって、それに自らを当てはめてしまう女性は意外に少なくありません。しかし、そういった性別による役割という思い込みを超えて、じっと大切な話を聞く態度をキリストは「よし」としたのです。

宗教者によっては、このエピソードを「自分らしく生きろというメッセージ」や「観想的な生活をしろ」「キリストの言葉を最優先しろ」などと、さまざまに解釈しています。どれも「なるほど」と思うところはありますが、この話が、どこで「ラザロの復活」と結びつくのかが問題です。

このマリアとマルタにはその他にも兄弟がいて、その兄弟の一人がラザロその人なのです。つまり、ラザロが死から復活するよりも以前に、その姉妹とキリストが一種の信頼関係にあった、という前振りとして読むことができます。以下、ここからが、「ラザロの復活」の本篇です。聖書の『ヨハネによる福音書』11章を読んでみましょう。

「ラザロの死」
ある病人がいた。マリアとその姉妹のマルタの村、ベタニアの出身で、ラザロといった。このマリアは主に香油を塗り、髪の毛で主の足をぬぐった女たちである。その兄弟ラザロが病気であった。（同）

マルタとマリアの姉妹は、キリストにラザロの病気のことを伝えに行きましたが、キリストはそのまま2日間動きませんでした。その間にラザロは死んでしまいます。キリストは、ラザロが葬られた4日後にその場所に行き、ラザロをあっさり復活させました。ラザロを復活させる前のキリストの言葉は、そのままキリスト教の死生観だと言ってよいでしょう。

わたしは復活であり、命である。わたしを信じる者は、死んでも生きる。生きていてわたしを信じる者はだれも、決して死ぬことはない。このことを信じるか。（同）

このラザロの復活劇については、キルケゴールを扱った第1章でも言及しましたが、人々がキリストを熱狂的に信じるきっかけとなりました。しかし、同時に為政者（ローマ帝国）のマークするところとなり、またユダヤ教の長老たちの嫉妬のタネにもなり、キリストを逮捕する計画の発端ともなりました。それはそうでしょう。人類最大の不安である「死」をあっさり克服することができたとしたら、哲学も宗教も科学も軍事をも超越した力を持ったことになり、王や政治家は権力を保つことができなくなるからです。ここには「死生観」をめぐる政治力学が働いています。

とはいえ、キリスト教信者ではない人にとっては、「ラザロが復活した」「キリストが復活した」「キリストを信じる者もいつか復活する（死んでも生きる）」などの死生観は、とうてい信じられないものでしょう。信じるか、信じないかはさておき、実存主義はキルケゴールのキリスト教信仰から始まり、『ツァラトゥストラ』もキリスト教へのアンチテーゼとして創作されたのです。無神論的実存主義を掲げたサルトルにしても、自らの死に直面すると信仰に頼らざるをえませんでした。これらは、西洋思想において、キリストが自らの身をもって示した「死を超える」というインパクトがあまりに大きかったという証左だと思われます。

ルネサンス以降、西洋哲学における死生の問題は、何が何でもキリストの存在を排除して、死生観を再構築しようとしたという点に尽きます。そして、おおよその場合、いや、むしろすべての企てにおいて失敗、もしくは中途半端に終わってしまったといっても過言ではありません。西洋哲学は、あらゆる面でキリストの存在に束縛されているのです。その解放を目指し、奇妙な人工構造物のような実存主義を打ち立てたとしても、決して解消できない死への不安と虚無感に提唱者自身が押しつぶされてしまいます。

他方、東洋思想においては、このような束縛がありません。ですから、こうして西洋哲学の道程をたどってみると、改めて東洋思想から死生観を学ぶことの意義が見えてきたと思えるのです。日本には、「キリストの復活」とは別の方法で死を克服した人物がいます。真言宗の開祖、弘法大師・空海です。空海は、儒教・道教・仏教という東洋思想を比較する著書『三教指帰《さんごうのしいき》』を遺しており、その上で、仏教の中でも神秘性の強い密教を会得しました。

彼の死生観の中に重要なヒントが隠されているのではないでしょうか。

次項では、キリスト教とは違う世界で進化を遂げた空海の死生観を採ります。

空海

774➡835

平安時代の僧。弘法大師。真言宗の開祖。804年入唐。長安で青龍寺の恵果《けいか》和尚から密教を学び、2年後帰国。密教を日本にもたらした。著作に『性霊集』などがある。

空海はいまも生きている？

キリストは死を克服し、「私を信じれば死なない」とまで言っていますが、日本には「空海はいまも生きている」という伝承があります。いわゆる「お大師様《だいしさま》信仰」です。

著者が初めて空海を知ったのは、小学生時代。『小学館版少年少女 人物日本の歴史 空海』という学習マンガを読み、空海という人物のスケールの大きさに圧倒されました。これは小学生にもわかりやすく書かれている伝記マンガシリーズの一冊ですが、他の偉人伝の場合、最後は「こうして亡くなった」で終わるのですが、空海だけは違っていました。学者風のキャラクターが狂言回しとして登場して、子どもたちにこう語りかけるのです。

「入定といってな、空海は、なくなったのではなく、永遠の禅定に入ったというわけだよ」。それに対して子どもたちは「お大師さま（空海）は今も生きていらっしゃるのね」と答えます。そして「お大師さまはいつも山をおりてこられて、わたしたちとごいっしょなのじゃよ」「空海は、今の日本をどう見ているかしら？」という時空を超えた壮大な会話で締めくくられていました。当時は意味がわからなかったのですが、マンガの中に登場した以下の三つのセリフが、いまではようやく理解できるようになりました。

「永遠の禅定（心を統一して定める）」
「いまも生きている」
「わたしたちとごいっしょ（同行二人）」

この三つのセリフは、そのまま空海の死生観を端的かつ的確に表現した言葉だということに改めて気づかされたのです。しかし、一方で、空海の遺言には「弥勒菩薩《みろくぼさつ》のいる都卒《とそつ》天《てん》（菩薩の住む場所。弥勒菩薩が説法している場所）に行って、雲間からわたしたちを見守り、遠い将来には弥勒菩薩とともにこの世界にきて、自分の足跡を訪ねる」という、一種の予言めいた文言が残されていることを忘れてはなりません。

つまり、「いまも生きている」とはいえ、「都卒天からわたしたちを見守っている」、そして、時には「わたしたちと一緒に生きている」という二重の意味で「生きている」わけで、人としてこの地上のどこかに生き続けているという意味ではありません。これは信仰を持たない現代人には理解しづらいでしょうが、「お大師様信仰」のおかげで「信じられないような偶然が起こった」「奇跡的に命が助かった」など、自身の人生に起きたシンクロニシティを、空海の存在と重ねている人々がたくさんいることもまた事実です。ヤスパース言うところの「暗号」として考えれば、しっくりくるのではないかと思います。

著者、兼六園で空海に出会う!?

かくいう著者も、この章を執筆しているちょうどその時期に、信じられないような偶然に遭遇しました。

空海の生涯を説明するには、ファンタジー色の強い2017年の日中合作映画『空海―KU―KAI 美しき王妃の謎』よりも、1984年に公開された北大路欣也主演の邦画『空海』のほうがよいと思い、ぜひ本書で紹介したいと考えていたところ、たまたま立ち寄った金沢市の兼六園で、北大路欣也さんがドラマの撮影をしていたのです。

ちょうど映画『空海』のことを考えている最中だったこともあり、著者は思わず「あっ、空海がいる！」と叫んでしまいました。彼は大物俳優だけあって付き人らしき人も大勢いて、とうてい近づけるような状態ではなかったのですが、なんと北大路さんから私に歩み寄って「どうしてそんな昔の映画を知っているの？」と優しく話しかけてくれ、しかも、この不思議な出会いのエピソードを何かの機会に発表してもよいかと尋ねたところ、快く承諾までしてくださったのです。

空海に対する信仰がある人というのは、空海絡みの不思議な経験をしている人が多いようです。著者の場合も、空海が「力」としていまも生きていて、北大路さんとめぐり会わせてくれたような気がしています。

また「危機一髪の時には、いつも空海の力が助けてくれた」というエピソードには、著者の周囲でも事欠きません。つい最近も、ツイッターで「空海を信仰することで起こった不思議な偶然を聞かせてください」と募集してみたら、すぐに「空海に関する奇跡のような体験談」が寄せられました。ここでは具体的な例は挙げませんが、読者のみなさんも、空海への信仰を持っている人や、四国巡礼の経験者が周りにいたら尋ねてみてください。おそらく高い確率で「空海の力」を口にすると思います。もしかすると、空海は「ある種のエネルギー」として、いまも存在しているのかもしれません。

そのような奇跡譚を集めることは可能ですが、言うまでもなく、その科学的な証明は不可能です。「空海が生きている」という思想は、あのヴィトゲンシュタインも沈黙を守った〝語りえぬ〟領域の話なのです。ヴィトゲンシュタインが〝語りえぬ〟としたものと、ヤスパースが暗号とした領域は、どこか重なる点があるかもしれません。そして〝語りえぬ〟領域を探究し、生と死を超える領域に自身を置いた宗教家としての空海に、西洋哲学には見出せなかった答えがあるのかもしれません。

実際、過去と現在と未来が織り交ぜられた空海の死生観は、他の宗教者やどの哲学者よりもオリジナリティがあるように思います。

空海が入定する前（死ぬ前）に書いた次の一節には、空海自身の死生観がよく表れています（ルビは著者）。

虚空《こくう》尽き、衆生《しゅじょう》尽き、涅槃《ねはん》尽きなば、我が願ひも尽きむ。

（『傍訳　弘法大師空海　性霊集（中）』宮坂宥勝、四季社、Ｐ４８４）

これは高野山の万灯会《まんとうえ》（数多くの灯火をともして供養する）を開催するための願文です。この法会《ほうえ》の目的は「すべての者を救うこと」にあります。つまり、人の寿命も、宇宙の寿命も、涅槃の寿命すら「すべてが無くなるまで、すべての者を救います」という声明文であり、面白いのは、空海が想定した救済対象は、人間に限らず、「空飛ぶ鳥」「地にもぐる虫」「水を泳ぐ魚」「林に遊ぶ獣」も含むと明記してある点にあります。また、冒頭の「虚空尽き」の「虚空」が何を指すのかは、同じ『性霊集』の違う章に答えが出てきます。

浮雲は何れの処にか出でたる　本は是れ浄虚空なり

（同『性霊集（上）』、P232）

同書の編者宮坂師によれば、浮雲は「根本的な無知」に、「虚空」は「法性《ほっしょう》（すべての存在の本性、仏の真理）」にたとえられています。ようするに、世俗のあれやこれや雑多な煩わしいことも、仏の真理から生まれてくるものであって、その世界が尽きるまでも、空海はこの世界のすべてを見守ると予告しているのです。

空海はかなり遠い未来まで見越していて、弥勒菩薩のお供をしてこの世界に降りてくるという予告も遺しており、さらには、その救済対象は、地中の虫や空飛ぶ鳥にまでに及ぶのですから壮大なスケールの死生観です。なお、一般によく知られている「高野山の奥の院の信仰（空海は奥の院の霊窟にいて、瞑想をしたままである）」と「未来に、弥勒菩薩とともに顕れる」「同行二人（常に空海と一緒にいる感覚）」という一見相矛盾する死生観を並存させながらも、なぜかそう感じさせないのは、空海という人物と思想のスケールがあまりに大きいため、どのような形で空海の力が顕れても不思議ではないと人々に感じさせるからでしょう。

誤解されがちな空海の死生観

広く一般的に「空海の死生観」を示していると言われているのが、空海の著作『秘蔵宝鑰《ひぞうほうやく》』の「生れ生れ生れ生れて、生の始めに暗く、死に死に死に死んで、死の終りに冥《くら》し」の一文です。多くの人が、これを空海の死生観と思い込んでいるようです。しかし、これは空海自身の死生観を表現しているわけではありません。もしこれが空海の死生観だとすれば、空海の遺言とされている「弥勒菩薩とともに降りてくる」や「虚空尽き……」の内容と矛盾が生じるからです。仏教学者で高野山大学名誉教授の松長有慶師は、先の「生れ生れ生れ……」の一文をこう解釈しています。

「歯切れの良い名文句として現代人の注目を引くことが多く、空海の生死観の代表とみなされ易い。しかし本来は森羅万象の中に潜む真理に気付かず、三界を流転し続ける凡夫の愚かさを痛んだ詠嘆の句と見るべき」

(『訳注　秘蔵宝鑰』松長有慶、春秋社、P14、「生死観」は本文ママ)

わたしたちはどこからきて、どこへ行くのかわからないまま流転するという考えは、あくまでもわたしたち凡人の話であって、空海自身の死生観とは分けて考えなければならないということです。『秘蔵宝鑰』では、「生れ生れ生れ生れて……」の後に続く文章の中に、迷える一般人の愚かさを嘆く文言が続きます。それと併せて、この一文が「あくまでも凡夫への皮肉めいた描写」であることは一目瞭然なのですが、いかんせん、人は「キャッチコピー的なフレーズ」に目を惹かれがちであり、それをその人の「答え」と勘違いしがちです。

「生れ生れ生れ生れて、生の始めに暗く」の名文句は、既述のとおり空海の死生観ではなく、あくまでも迷える一般人（もちろん著者も含みます）に向けたものということを念頭に置いておくべきでしょう。これをイラスト化にしたのが下図です。

「生れ生れ生れ生れて、生の始めに暗く、死に死に死に死んで、死の終りに冥し」は欲界、色界、無色界をぐるぐると輪廻する凡夫の死生（観）の描写です。

松長有慶『訳注　即身成仏義』（春秋社）によれば、「欲界」とは「欲望に捉われた生類の住む世界」、「色界」とは「欲は捨てているが、物質に捉われた生類の住む世界」、「無色界」とは「欲望も物質に対するこだわりも捨て、精神のみに関心を持つ生類の住む世界」とされています（P99～100）。

覚鑁が結びつけた浄土思想と空海の思想

著者は「迷える一般人」の一人であり、凡夫扱いされても平気なのですが、読者の中には「なぜ上から目線で普通の人（凡夫）と、そうでない者を分けられなければならないのか」と、心に引っ掛かる人もいるのではないでしょうか。平等であるはずの死を分け隔てることへの不満や疑念は、著者も理解できます。

それを解決したのが、空海の思想と浄土思想を融合させた僧侶・覚鑁《かくばん》の思想です。

覚鑁は著作『一期大要秘密集《いちごたいようひみつしゅう》』の中で、密教と浄土思想を以下のように結びつけています（ルビは著者）。

もし最後臨終の儀軌《ぎき》によれば、破戒の僧尼も必ず往生することを得。

覚鑁（1095～1143）平安時代の真言宗の僧。興教大師《こうきょうだいし》ともいう。仁和寺《にんなじ》で密教を学ぶ。紀州（現・和歌山県）根来《ねごろ》に移り、円明寺《えんみょうじ》を建立した。

造悪《ぞうあく》の男女は定んで極楽に生まる。いかにいはんや、有智有戒をや。いかにいはんや、善男善女をや。

（「一期大要秘密集」『興教大師撰述集　上』宮坂宥勝編注、山喜房書林、P157）

ここで覚鑁が言っているのは、すべてを往生に導く浄土思想と、密教の大日如来の存在を論理的に結びつけたということです。また、同書は実践的な「往生のコツ」の指南書としても読めます。最期の一瞬への対処法という意味では、ジャンケレヴィッチにも出せなかった答えをマニュアル化しているのです。覚鑁が「すべての人が救われる」とした方法は次のようになります。

かの極楽はいづれの処ぞ、十方に遍ぜり。観念の禅房、あに異処あらんや。此の如く観ずる時、娑婆を起ずして忽ちに極楽に生ず。我が身、弥陀に入りぬ。弥陀を替へずして、すなはち大日と成る。

（同、P172）

阿弥陀は浄土思想のスター的存在であり、すべてを救うとされるスーパーマンのような仏ですが、一方で、大日如来は宇宙のすべての命の源とされている存在です。

宇宙全体を会社にたとえると、阿弥陀は現場で社員の声をよく聞く社長さん、大日如来は宇宙の理事長室にでーんと構えている理事長。そんなイメージを持てばわかりやすいです。もし私たちが、この会社の社員だとして、いつも助けてくれる社長が、実は理事長も兼任していたと考えれば、覚鑁の思想のユニークさがわかるかもしれません。

極楽はどこか遠くにあるのではなくて、あらゆる時間・空間に遍在（十方に遍ぜり）しているものであり、それをイメージする（此の如く観ずる）ことで、その〝仏ワールド〟に入ることができる（娑婆に起ずして忽ち極楽に生ず）というワクワクするような導入から、自分の体が阿弥陀の中に入っていく（我が身、弥陀に入りぬ）美しいイメージへと進み、阿弥陀は実は宇宙そのものである大日如来だった（弥陀を替えずして、すなわち大日と成る）……というこの物語は、詩的で美しいと著者は思います。

覚鑁の死生観の新しさ

釈迦は、形而上学的な話については「無記（回答を避ける）」を貫きましたが、空海から覚鑁にかけての展開は、映画『ネバーエンディングストーリー』や『マトリックス』などのファンタジーやSF超大作の壮大さに似たワクワク感が伴います。

仏教の死生観とは「このようなものだろう」といわゆる〝抹香臭《まっこう》い〟ものと決めてかかることは大変もったいないことです。著者は、仏教系の雑誌の企画で日本の仏教十宗派の葬儀に対する見解の違いを取材したことがあるのですが、一つとして同じ死生観を提示している宗派はなく、たとえば同じ真言宗の中でも「高野山真言宗」「真言宗智山《ちさん》派」「真言宗豊山《ぶざん》派」の三派では、その死生観が微妙に違いました。

数ある宗派が提示する死生観の中でも、著者が個人的に、最もしっくりくるのは、この空海から覚鑁にかけての展開です。

空海が、自身の死後を都卒天に想定しつつ、未来にあらゆる生き物を救うと宣言し、その一方で、凡夫を基本的には永遠に迷える存在と設定していたこと。その後、覚鑁が、浄土思想の根底にある平等主義の思想と空海の思想をつなぎ合わせて、新しいストーリーを描いたこと。この展開こそが、日本の仏教観、他界観の完成のように思えるのです。

鈴木大拙

1870→1966

仏教哲学者。学習院大学・大谷大学教授。27歳、イリノイ州ラサールのオープン・コート出版社編集員として約11年滞在。39歳帰国。英文で仏教、特に禅を紹介し、東西の思想・文化の交流に貢献した。

浄土真宗に日本的霊性を見出した鈴木大拙

それとは異なる死生観を抱いて、日本仏教思想の完成を見出せるのが鈴木大拙《だいせつ》です。いくつか大拙の著書を繙いてみましょう。

大拙は、親鸞の功績にこそ、日本の仏教の成熟を見ています（ルビは著者）。

親鸞は、三部経に於て熱帯的なものを斥けて、日本国民にふさわしく、温和で、平静で、深き宗教的体験を有ったものを探しあてたと云ってよいと思う。

（鈴木大拙『浄土系思想論』岩波文庫　P268）

釈迦がインドで悟りを開いたのち、仏教は大乗仏教（仏が多くの人を救って、悟りの世界に導く）となり、それが中国を通って日本に入ってきたわけですが、鎌倉時代になり、親鸞は熱帯アジア（インド）の風土的で装飾的な部分を削ぎ落として、日本の風土に合うように仏教思想全般を刷新したと大拙は見ています。親鸞は、法然の弟子としての意識が強いため、自らの業績の新規性を主張したわけではありませんが、大拙は、親鸞の思想にこそ、日本の仏教の完成を見出したのです。

大拙は、親鸞を評価する一方で、空海も最澄もその思想に不足があると嘆きます。いったい、何が足りないというのか？　大拙は、空海にも最澄にも「大地が足りない」と批判します。

霊性と言うといかにも観念的な影の薄い化物のようなものに考えられるかも知れぬが、これほど大地に深く根をおろしているものはない、霊性は生命だからである。大地の底には、底知れぬものがある。空翔けるもの、天降るものにも不思議はある。しかしそれはどうしても外からのもので、自分の生命の内からのものではない。大地と自分とは一つのものである。大地の底は、自分の存在の底である。大地は自分である。都の貴族たち、そのあとにぶら下がる僧侶たちは、大地と没交渉の生活を送りつづけた。(中略)弘法大師の如き、伝教大師の如きといえども、なお大地との接触が十分でない。

(鈴木大拙『日本的霊性』岩波文庫、P47)

大地が足りない? なんとも抽象的な批判ではありますが、既視感がある言葉でもあります。ニーチェの『ツァラトゥストラ』に登場した「大地」の概念です(第2章)。大拙の『日本的霊性』には、ニーチェの名は出てきませんが、「大地性」などという概念を盾にして空海や最澄を批判しているわけですから、おそらくニーチェから何らかの影響はあったのではないかと思います。ニーチェの文献に戻って確認してみましょう。

精神の苦行僧はほっぺたが青白くなっている。期待ばかりしすぎて、飢え死にするところだった。目にはまだ軽蔑が残っている。口もとには吐き気が隠されている。たしかにそいつはいま休んでいるが、まだ横になって太陽の光を浴びていない。雄牛のようにふるまうべきだろう。幸せのにおいは、大地のにおいであるべきだ。大地を軽蔑するにおいであってはならない。

(ニーチェ『ツァラトゥストラ 上』丘沢静也訳、光文社キンドル版)

ここでニーチェが「精神の苦行僧」に対し「大地」が足りない、「大地」を軽蔑してはならないと警告していますが、大拙が『日本的霊性』の中で「大地性」なるものを強調していたのは、こういったニーチェのキリスト教批判から学んだからではないかと思います。

著者は、大拙の空海批判の妥当性については判断しかねますが、いずれにせよ、大拙は個の中にある〝大地の霊〟なるものに重きを置いて、大地と人間の個体に霊性を見出したのです。これは非常に観念的で漠然とした話ではありますが、ニーチェのキリスト教批判を大拙が換骨奪胎し、批判対象を貴族的な平安時代の仏教に置き換えたと考えれば、理解できなくもありません。

大拙の来歴には、20代でアメリカ渡航経験があり、著書『浄土系思想論』(岩波文庫)は浄土思想の考察であるにもかかわらず、「イデア」への言及があります。また、明らかにマルクスを意識した引用なども見られます。

西洋哲学者の眼で改めて日本の浄土思想を眺め、そこに西洋哲学や神学にはない新規性を見出していたとも考えられます。それは、浄土真宗における絶対的な他力(阿弥陀がのべつまくなしに、どんな者であれ救おうとする力のこと)がいかに成熟した宗教であるか、ということでした。それこそが、西洋思想にはない、日本独自の死生観だと大拙は考えたわけです。キリスト教の場合は「信じれば救われる」という条件がつきますが、絶対的に他力を信じる浄土真宗では、「○○をすれば救われる」という条件がありません。ここに独自性があります。
また大拙が『浄土系思想論』で強調していることは、「浄土はどこにあるのか？」という場合に、常識的な時間・空間の観念に囚われてはならないということでした。わたしたちが時間や空間だと思っているものの「外」に、論理を超えた宗教的なことがら（ヴィトゲンシュタインが沈黙したもの）があり、そこに生死を超えた一本道を見出していたのが大拙の思想であるといえます（ルビは著者）。

浄土を時間的に死後におき、空間的に西方十万億土におくは、娑婆の人の考え方に対して妥協性を示すものである。
（鈴木大拙『浄土系思想論』、岩波文庫、P312）

浄土へ往く道は「無礙《むげ》の道」である。この道は娑婆《しゃば》のものではない。娑婆では、どこへ行っても突き当たってばかりいなければならぬ。それ故、すべての対立的なるものを捨てて、絶対不《ふ》二《じ》なるもの、即ち他力の本願に乗じなければならぬ。
（同P312〜313）

無礙の道とは、阿弥陀に救われて何も妨げるものがないということで、絶対他力の信心のことです。また「娑婆」とは、この世間、私たちが生きている俗世間のことです。浄土は死後の世界という一般的な解釈に疑問を呈し、再解釈を行なった大拙がたどり着いた境地が「浄土と娑婆とは無礙の一道でつながっている」（同、P290）でした。浄土を、私たちが住むこの世界の常識的な時間・空間と捉えないこと。生死（＝迷いの世界）がそのまま涅槃であると気づくこと。

大拙の死生観によれば、わたしたちの生きている迷いの世界（娑婆）とあちら側の世界（浄土）の境目は副次的なもの、ということになります。

真実界が一方に在って、方便界が他方に在ると云うと、何かその間に空間的関係を考えるが、事実そのものから云うと、吾等は何れも同時に両界に居るのである。

（同、P277）

真実界、方便界というと難しく聞こえますが、同書に「真実界とは浄土、方便界を娑婆と云ってもよい」と但し書きがあるため、ごく簡単に説明すると、大拙は「人間はだれでも浄土とこの世に同時に存在している」と主張しているのです。

著者が何か結論めいたことを言えるわけではありませんが、西洋思想を総復習してみると、鈴木大拙と日本仏教の死生観の斬新さがさらに見えてくることはたしかです。

釈迦はどう語ったのか？　という疑問

ここで、改めて気にかかるのが、釈迦の死生観です。浄土思想も空海や親鸞の思想も、鈴木大拙の出した答えも、もともと仏教がさまざまな土地で、またさまざまな歴史を経て、大きく変形した結果としてあります。そうなれば、仏教の開祖、釈迦の死生観を再確認するべきでしょう。次章（第8章）では、釈迦の死生観について考えてみます。

また第9章では、本章の後半で取り上げた浄土思想を、西洋的な死後の世界のイメージと比較しながら検証します。「あの世の話」をそっくりそのまま信じるというのではなく、大拙が親鸞の思想から哲学的示唆を探し当てたように、「あの世の物語」に哲学的なヒントはないかを再点検してみましょう。

第8章

釈迦は死について何を語ったのか そして、手塚治虫は釈迦の死をどう描いたのか

釈迦

BC463 ⬇ BC383

仏教の開祖。よく知られる「ブッダ」の呼称は"悟れる者"の意味で、その呼称で釈迦を呼ぶこともある。

釈迦はどのように亡くなったのか？

釈迦（ブッダ）はどのような最期を迎えたのか。聖書におけるイエス・キリストのように詳細な記録はないのですが、仏教学者の中村元が、釈迦の生涯を『釈尊伝　ゴータマ・ブッダ』（法蔵館）にまとめています。原始仏典に関しては、いま現在もさまざまな研究が進んでいることもあって、実のところ、現在では中村元の所論にも賛否分かれる向きがあるのですが、原始仏典をわかりやすい日本語で一般に伝えたという意味では、やはり彼はパイオニアです。

中村元は、それまで漢訳が中心であった仏教研究の流れを変えて、より古い原始仏典（パーリ語中心で書かれたもの）を日本語に訳しました。それまでの日本では、後世の人々がつけ加えたり、独自に解釈したりした経典が主流となっていたのですが（著者は、個人的には日本における仏教の日本的展開こそが面白いと思います）、釈迦が実際に何を語ったのか、どのような生涯を送ったのかを、より古い文献を手掛かりに中村元が整理し直したことで、改めて「日本の仏教とは何か」が見えてきたとも言えます。

中村元の『釈尊伝 ゴータマ・ブッダ』を手掛かりにして、釈迦がいかに亡くなったのか、その死生観はいかなるものだったのかを探ってみましょう。原始仏典に出てくる事柄を手掛かりに書かれたこの本には「臨終」の章があり、釈迦の最期が描かれています。それは、キリストの磔刑《たっけい》と復活に比べ、あまりに静かな最期でした。死因は、鍛冶工のチュンダに提供された食べ物による食中毒とされています。病んだまま旅を続け、臨終に至るまでの足跡を同書によってまとめると、以下のようになります。

①旅の途中で喉が渇き、釈迦は弟子アーナンダに水を汲みに行かせる

②マッラ人プックサ（大臣であったとされている）が金色の衣を持ってきて、釈迦がそれを着ると金色に輝いた

中村元（1912～1999）
インド哲学者・仏教学者。島根県松江市に生まれる。東京帝国大学文学部印度哲学梵文学科卒業。スタンフォード大学、ハーバード大学の客員教授もつとめる。

③疲れ切った釈迦は、水のきれいなカクター河で沐浴した
④弟子のチュンダカに四つ折りの衣を床に敷かせた
⑤クシナーラーに到着。アーナンダに北枕で床を敷くように命じる
⑥アーナンダに釈迦は「アーナンダよ。わたくしはかつてこのように説いたではないか。すべての愛するもの・好むものからも別れ、離れ、異るに至るということを。およそ生じ、存在し、つくられ、破壊さるべきものであるのに、それが破滅しないように、ということが、どうしてありえようか」と述べる
⑦臨終の時にあっても行者に説法し、スバッダが最後の弟子となる
中村は、このような釈迦の最期を「曇りや汚れを残さない、しめやかな愛情と親和感にみちた臨終」と表現しています。

その一方で、一般に知られている釈迦の死は、何らかの演出に彩られていることが多いと思います。たとえば、映画『釈迦』（三隅研次監督、1961年）では、天女に連れられて天上に登っていく演出が加えられています。

また、数ある釈迦を題材とした伝記作品の中でも、日本人が「釈迦の死」について即座にイメージするのは、手塚治虫のマンガ『ブッダ』（潮出版社）の描写ではないかと思います。ためしに、身近な人に「釈迦の生涯は何を通じて知ったか？」と聞いてみると、多くの人

が手塚治虫の『ブッダ』を挙げるのではないでしょうか。手塚版『ブッダ』では釈迦の死がどのように描かれているか確認してみましょう。

「あくまでもマンガですが……」という断りを入れる手塚ブッダ

手塚治虫は『ブッダ』の最期の描写にこんな表現を入れています。鍛治工チュンダが差し出した食べ物を、手塚がよくギャグ的に使うキャラクター「ヒョウタンツギ」にすり替え、チュンダのセリフも「この地方の特産でございます　マンガのおきらいなかたにはお口にあわぬかと存じますが」と、ブッダの死因の中に「あくまでもこれはマンガだよ」というメタなメッセージを入れ込んでいるのです。

昨今、伝記マンガでは、著者の創作と史実を織り交ぜ、それがあたかも真実であるかのように見せてしまう手法が流行しています。それと比較すると、手塚の表現はマンガ家としての真摯さを感じさせます。

手塚治虫
1928 ↓ 1989

昭和時代後期のマンガ家・アニメーション作家。医学博士。日本のマンガの概念を変え、文学や映画などさまざまなジャンルに影響を及ぼした戦後日本最大の表現者。

手塚治虫は釈迦の死をどう描いたか

釈迦の死生観そのものも、手塚治虫の豊かな表現力によって変容させられています。ここにも着目したいと思います。先ほどの中村元『釈尊伝　ゴータマ・ブッダ』の記述と比較しながら、手塚版『ブッダ』における釈迦の死を確認してみましょう。

①釈迦がお腹をこわし、アナンダが看病する。弟子たちが「正直いってもう長くはもちそうにない」と嘆く

②その夜、ブラフマン（梵天）が釈迦のもとを訪問する。いわばマンガ的演出である。ブラフマンが「ブッダ　いままでも　あなたは死ぬのがこわいですか?」と問いかける（弟

子の視点では、釈迦が夢でうなされているように見えている）。ブラフマンが釈迦を「大自然の中」へ連れて行くと話す

③スバッダを弟子にするくだりはあるが、プックサが持ってきた衣を着て金色に輝くといった神格化した場面は省略されている

④肉体から上半身だけ幽体離脱した釈迦が描かれ、そこにブラフマンが登場、しかし釈迦はまだ迷いの中にいるという演出が加えられている。

「私が去ったあと…私の一生かけて説いた話は…どうなるのですか!!」

釈迦はブラフマンにこのように詰め寄る。ブラフマンがブッダの手を握る

⑤釈迦が教えたのは「人間愛の根本」であるとの解釈が加えられ「ブッダは大自然のどこからかこの教えの行く末をいつまでも見守っていることだろう」と締めくくられる

手塚が描いた釈迦は、あくまでも「死後も迷い続けてしまいそうな釈迦」と「それを導くブラフマン」の掛け合いでした。迷いのない覚者としての最期を、不安に苛まれる姿へと描き変えた、この改変はあまりに大きいと思います。宇宙を創造し、また根本原理でもあるブラフマンを師匠のようなキャラクターとして登場させることで、あえて人間として苦悩する釈迦を際立たせる演出は、釈迦も私たちと同じような迷える存在（凡夫）なのかと思わせるに十分でした。実際の経典に描かれる釈迦には、そのような迷いはありません。

このような「迷えるブッダ像」は手塚の創作です。

また、釈迦が説いた教えは、「真理」から「人間愛の根本」にさりげなく差し替えられ、「涅槃」は「大自然のどこか」と現世的な次元に降ろされています。ここでの手塚の意図がどこにあったのかは理解できません。ただ、彼の筆力が圧倒的であるがゆえに、「人間らしい迷える釈迦」というイメージが広く一般に浸透してしまったのかもしれません。先述のように、「あくまでもマンガですよ」という表現をさりげなく取り入れていますが、だからといって、史実とマンガの違いをわざわざ比較する読者は多くないでしょう。

中村元もまた、神秘的なエピソードを否定するなど、「釈迦の人間化」を肯定するタイプの学者ではありましたが、手塚治虫こそ、現代の日本に人間釈迦としてのイメージを定着させた張本人ではないかと思います。この釈迦像の改変が、現代日本の仏教のイメージに与えた影響は、思いの外、大きいのではないでしょうか。

というのも、著者が大学の授業で釈迦の生涯を説明をしていると、「手塚版『ブッダ』を読んだから知っています」という学生の声はよく聞かれます。手塚が権威になっていることもあって、「あの手塚先生が描いたのだから、そちらが真実に違いない」という刷り込みの影響は測り知れません。その改変について説明するには、とてつもない労力がかかるのです。

このマンガを始めとして、映画やドラマ、歌の歌詞などを通して「死後は大自然の中へ」というイメージが広まったことで、間接的に日本の葬送文化が変わったということもあると思います。とりわけ、釈迦の死をアニミズム的なイメージの中に溶け込ませた手塚の影響は大きいでしょう。

手塚の存命中は、マンガ文化はメインストリームから批判される対象でしたが、その後、メインストリームへとシフトしていったこともあって、「手塚治虫が描く釈迦（ブッダ）」が「日本人の釈迦のイメージ」の多数派となったのです。

釈迦は死について何を語っていたのか

手塚のアニミズム的な仏教解釈については、のちほど述べるとして、実際、釈迦は死について何を語ったのでしょうか。そこで、中村元訳『ブッダのことば　スッタニパータ』（岩波文庫）の「矢」の章（以下はその一部を引用）からその死生観を見てみましょう。

この世における人々の命は、定まった相《すがた》なく、どれだけ生きられるか解らない。惨ましく、短くて、苦悩をともなっている。

（『ブッダのことば　スッタニパータ』中村元訳、岩波文庫キンドル版）

若い人も壮年の人も、愚者も賢者も、すべて死に屈服してしまう。すべての者は必ず死に至る。（同）

釈迦が説くのは、死の不条理とそれに伴う人々の苦悩への共感、そして死の絶対性でした。サルトルが言及した早世者（第6章）についても、釈迦はその絶対性の前にはなす術がないことを見抜いていました（ルビは著者）。

汝は、来た人の道を知らず、また去った人の道を知らない。汝は（生と死の）両極を見きわめないで、いたずらに泣き悲しむ。（同）

みずから自己を害《そこな》いながら、身は痩せて醜くなる。そうしたからとて、死んだ人々はどうにもならない。嘆き悲しむのは無益である。（同）

マンガ『ブッダ』では、自らの死を嘆き悲しむ釈迦の様子が描かれていますが、初期仏典の釈迦はそういった次元を超越しています。肉体は滅びるとしても、存在は現世を超越した次元にあって、不安はなかったのではないかと思います。食中毒で亡くなる食事についても、それを食べると肉体的には死ぬことになると理解をしていましたが、お布施としていただいたものは食べるべきものなので食べた、と広く解釈されています。

己が悲嘆と愛執と憂いとを除け。己が楽しみを求める人は、己が（煩悩の）矢を抜くべし。（煩悩の）矢を抜き去って、こだわることなく、心の安らぎを得たならば、あらゆる悲しみを超越して、悲しみなき者となり、安らぎに帰する。（同）

ここでは、釈迦は近親者の死に対し、「嘆いて自分の身を滅ぼすことを防ぐこと」の重要さを説いています。死に関して、釈迦のメッセージは非常にシンプルでした。「肉体における死の絶対性」と「近親者の死を嘆くな」、「それによって自分の生を台無しにするべからず」ということです。「死を嘆くな」と言っても、それは難しいことです。釈迦の葬儀も執り行なわれましたし、悲しみを鎮める仏式の葬儀は、日本仏教においても中国の影響も受けつつ、独自の展開をしています。

ちなみに、日本で知識人を中心に広く流布されている「釈迦は葬儀をするなと弟子に言った」という説は、誤訳に起因するものです。これについては山口県立大教授の鈴木隆泰氏が、正しくは、釈迦はアーナンダに「シャリーラプージャーをする必要はない」と言っているだけで、葬儀をするなとは言っていない、と主張しています。「シャリーラプージャーということばは、一連の遺体処理手続きを指している」（鈴木隆泰『仏典で実証する　葬式仏教正当論』興山舎、p29）というのが正しく、この「シャリーラプージャー」が「葬儀」と誤訳されたものが広がり、「葬儀をするな」という説につながったというわけです。

いずれにしても葬儀というものが、遺族の気持ちを切り替え、心の安らぎを得るための重要な儀礼であることは、いまも昔も変わりません。

ただし、日本では宗派によってその教義が違うように、葬儀の意義も異なっています。その意義を多くの日本人が理解しているかといえば、「なんとなく読経してもらえば成仏できるかも」という程度にしか考えていないように思います。

また、よくあるタイプの葬式仏教批判として、葬儀で僧侶が読経するお経の意味がわからない、という種のものもあります。

いまや経典の和訳や解説本は数多く出版されているので、それを読めばよいと思うのですが、なぜかそういう労を厭《いと》う人は多いようです。

いうまでもなく、葬儀や法事という短い時間で、僧侶がお経の内容をすべて説明することは不可能なのです。高齢化と多死化を迎えた日本の社会で、「死」は統計数値として語られることが多いですが、当然ながら誰しもいつかはそれに直面します。肉親や身近な人、そして自らの死として。もう一度、自分の中で納得できるまで死というものに向き合うためには、自ら考えて学ぶ努力も必要だと著者は考えます。そこで、「やはり葬儀が必要だな」という結論に至れば、葬式仏教に対する一方的な批判は変化するはずです。

もちろん、費用の問題などを含め考え抜いた結論として「葬儀は必要なし」という答えになるのは仕方ないとは思いますが、思考停止のまま批判だけしていてもよい結果にはなりません。

そのためにも、死について哲学的そして宗教的に考えてみることは、本書のような書籍を読んでみることも含めて大いに意味のあることだと思います。

仏典を改変する手塚治虫

釈迦の死生観を確認したところで、やはりもう一度気になるのは手塚治虫の『ブッダ』における改変です。実のところ手塚は、意識的にそれを行なったようです。これは著者の憶測ではなく、『ブッダ』の「あとがきにかえて」という手塚の文章の中で、明確に述べていて、特にダイバダッタとアーナンダについては「もっとも極端な改変を行った」と証言しています。

しかし、ここでは、釈迦の臨終や死生観についての改変については言及していません。

ですから、登場人物やエピソードなど史実の一部の変更に関しては、多くの読者が認識するところでしょうが、宗教観そのものの書き換えを認識している人はあまりいないのではないでしょうか。それを著者は危惧します。

著者は個人的に、クリエイターとしての手塚治虫をもちろん尊敬していますし、『ばるぼら』（角川文庫）や『人間昆虫記』（秋田文庫）といった、「創造性とは何か?」「芸術とは何か?」を問うマンガは、繰り返し読むほどに好きな作品です。しかし、好きなクリエイターであり、その圧倒的な筆力を知っているからこそ『ブッダ』のような宗教思想の書き換えについては、ついつい警戒してしまうのです。

遺作『ネオ・ファウスト』と死生観

そうなると、マンガ家・手塚治虫自身の死生観に俄然興味がわいてきます。そこを探ってみると、意外にもそのキーワードになっているのが「悪魔」と「地獄」なのです。

手塚自身の死生観が最もよく表われているのは、遺作で未完の『ネオ・ファウスト』（講談社）でしょう。未完なので最後は「書きなぐりのネーム」がそのままの形で刊行されていますが、それがまた手塚の最期の息遣いを伝えています。この遺作について、手塚自身が解説した講演録があります。その中で彼はなんと、ダンテの『神曲《しんきょく》』について言及しているのです。

煩悩の権化みたいな人間というのが、私は大好きです、弱点だらけで。真面目くさった天使とか神様なんかよりは、汚れに汚れた負のエネルギーたる現代人とか、あるいは現代人にもし悪魔的な心があるならばその悪魔に、絶大な魅力が感じられるわけです。我々のやっている仕事っていうのはそれによって構成されてる話っていうのがすごく多い。たとえばダンテでも「神曲」の中のいちばんおもしろいのが「地獄篇」じゃないですか。

（手塚治虫『ネオ・ファウスト』あとがきにかえて）

この講演は、手塚治虫が胃がんにより60歳で亡くなる前年（1988年9月27日）に行なわれたものです。

『ネオ・ファウスト』はゲーテ（1749〜1832）の戯曲『ファウスト』をリメイクしたものですが、『ネオ・ファウスト』もまた、ゲーテの戯曲からは大きく改変されており、下敷きになっている死生観は、明らかにニーチェの「永遠回帰」がモデルになっています。

主人公のファウストは、若返った自分（記憶はないが才能だけは保ったまま）と、老いさらばえた自分が邂逅《かいこう》を果たすメビウスの輪のような存在として描かれます。老いさらばえた主人公は粉になって消え去り、若い主人公に入れ替わります。

繰り返し描いた円環（永遠回帰）

このプロットを、手塚は以前にも『火の鳥　ヤマト・異形編』（KADOKAWA）に使っています。そこでは、八尾比丘尼《やおびくに》伝説をニーチェの「永遠回帰」の話に換骨奪胎《かんこつだったい》し、美しく強く、マジカルな道具で人々を癒し続ける尼僧（八尾比丘尼）の「永久ループ」の話に仕立て上げました。実際の八尾比丘尼伝説では、八尾比丘尼は人魚の肉を食べて800歳まで生きたとされていますが、このモチーフを「円環型」に置き換えたのです。そしてその円環は、「若い自分が、老いた自分を永遠に殺し続ける」という構造で成立します。

『ネオ・ファウスト』も『火の鳥　異形編』も、「若い自分」が「老いた自分」を抹殺し、それがループ状になっているという点が共通しています。創造力にあふれる天才・手塚治虫が、ネタに困って「同じネタ」を使い回しするとはとうてい思えません。そこで推測するならば、前述の講演録の中で「神様や天使」ではなく「悪魔と地獄」に魅力を感じると語る手塚は、どこかしら悪魔的な「永遠のループ」の死生観に強く執着していたのではないでしょうか。

手塚治虫はファウストだった？

ニーチェの永遠回帰に手を加えた手塚の独自性は、老いた自分を若い自分が駆逐するという仕組みでループを完成させていることです。この着想はニーチェにはないものでした。

ここからはあくまでも著者の推理ですが、手塚は自身の才能を死で失うことを怖れ、肉体や記憶を失っても才能や魂が何らかの形で残り、永遠の創作のループの中で漫画を描き続けたいという希望を持っていたのではないでしょうか。他人からすれば永遠にマンガを描き続けるということこそ地獄に思えるのですが、本人にしてみれば、極楽往生よりも悪魔的な熱意でマンガを描き続けることを強く望んだのではないかと思います。まさにメフィストフェレスに取り憑かれたファウストです。ニーチェが理想としていた「遊ぶ子供」「創造性」「永遠回帰」。それを体現したクリエイターこそが手塚治虫だったと思います。

本家の『ファウスト』において、悪魔が歌う死生観はこのようなものでした。

永遠の創造とは、一体なんの意味だ。
創造したものを、無に突き落とすなんて。
過ぎ去った、ということに、なんの意味があろう。

それなら初めから無かったのと同じではないか。
それなのに、何かあるかのようにぐるぐる回っている。
おれはむしろ永遠の虚無のほうが好きだな。

（ゲーテ『ファウスト　第二部』相良守峯訳、岩波文庫キンドル版）

「何かあるかのようにぐるぐる回っている」?!　なんと、ニーチェに先んじて、ゲーテの『ファウスト』には、悪魔すらも嘆く、虚無よりも酷い人間界の虚しさとして、「永遠回帰」が登場するではありませんか！　ニーチェの場合は、永遠回帰を『ツァラトゥストラ』という物語仕立てにしながらも、実際にどのような手法で人生がループするのかは描かれていません。主人公が永遠回帰に「気づく」ところまでは描写していますが、それをどうやって成立させるのかというアイデアには欠けていたのです。それを手塚治虫は、若い自分が年老いた自分を抹殺するという天才的なアイデアで物語化したのです。

映画『シャイニング』の永遠回帰

手塚治虫以外にも、「物語」として永遠回帰のループを成立させたのが、映画監督スタンリー・キューブリックです。彼は映画『シャイニング』（1980年）において、スティーブン・キングの原作小説『シャイニング』の物語（プロット）を大きく改変して、主人公ジャックが過去に転生するという永遠回帰のループを完成させてしまいました。

輪廻（生まれ変わり）と永遠回帰（同じ人生を永久にやり直す）は、本来は違うものですが、主人公が「過去」に転生するとしたら、その捻れによって永遠回帰は可能になります。

現代に生きる主人公ジャックは、1921年の亡霊たちに取り憑かれて暴力に走りますが、ジャックは自殺後に、まさに1921年の世界の人物として転生します。ラストシーンの集合写真（主人公と同じ顔の男が中央に写っているモノクロ写真）がその証拠となります。

これは「時系列がおかしいのではないか？」と思われるかもしれません。が、ここで「輪廻」の思い込みを外してみるとその謎が解けます。生まれ変わりを「未来に転生する」と思い込んでいると、このループは理解できません。「過去に転生する」という時間の捻れを想定すると、こうなります。現代に生きる主人公が自分の業を抱えたまま自殺→1921年に転生する→1921年の主人公の業が亡霊になり、その場に留まる→その亡霊が現代に生きる主人公を引き寄せ、事件を起こし、自殺する→またもや1921年に転生する……という円環を想像すれば、これこそが永遠回帰の完成となるのです。

キューブリックは『2001年宇宙の旅』でも、ニーチェの永遠回帰を成立させています。その原動力になるのは謎の黒い石碑「モノリス」です。さらに宇宙の彼方に「一時的な待合室」を設定して、そこでいったん老人化した主人公を胎児の状態にもどして地球に帰還させることで永遠回帰を成立させるのです。おまけにテーマ曲としてリヒャルト・シュトラウスの交響詩『ツァラトゥストラはかく語りき』を使っています。

また、アメリカのドラマ『ツイン・ピークス』(ディヴィッド・リンチ監督)の作中にも『ツァラトゥストラ』のキーワードが具象化されているのが散見され、物語の構造が複数に枝分かれしながらも円環構造が成立しています。この作品もその系譜としてよいでしょう。

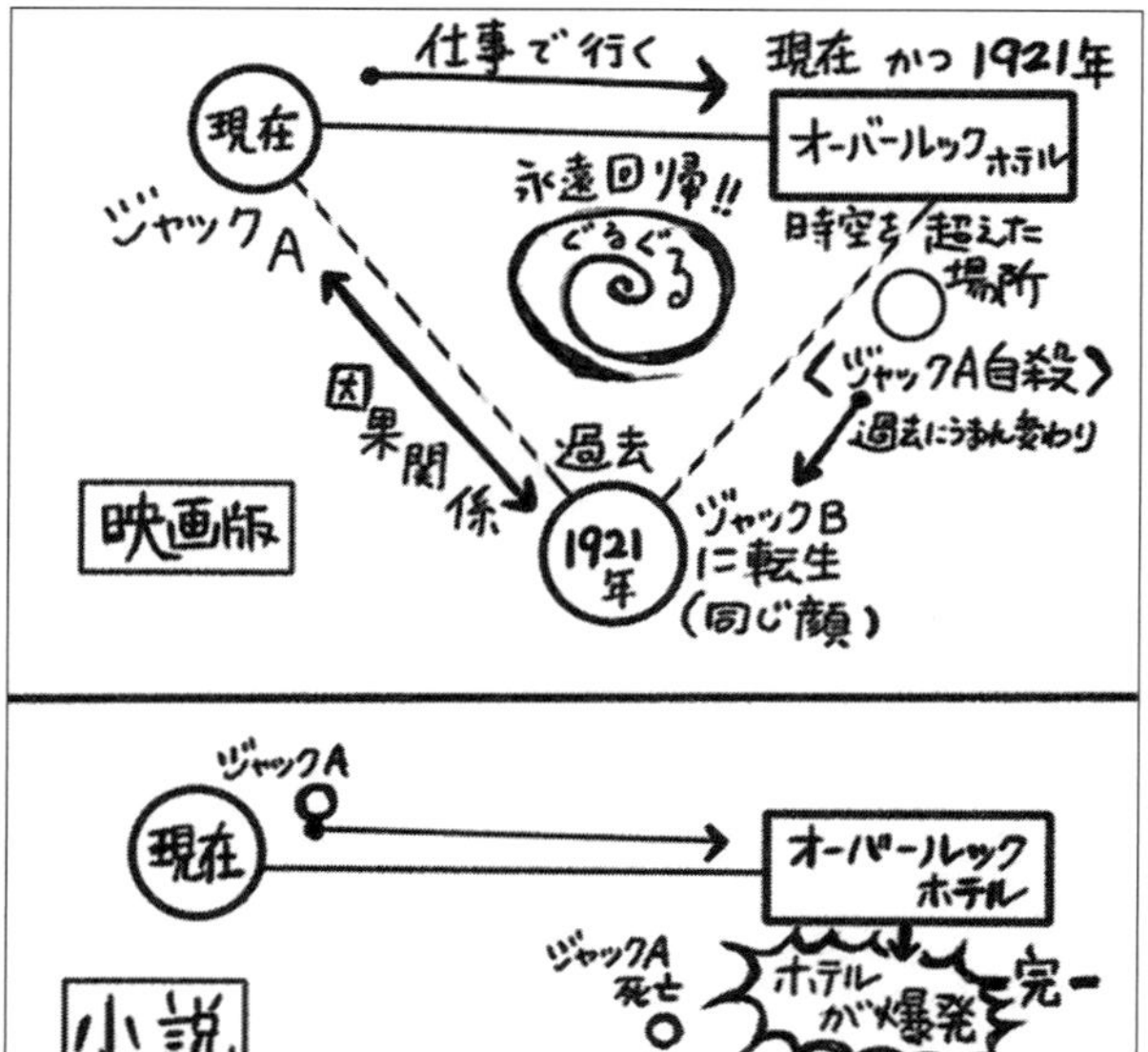

『シャイニング』の永遠回帰　主人公は、悪業の因果を抱えたまま過去に転生し、その亡霊が現代の主人公に影響を及ぼし、その結果また自殺して過去に転生することで永遠回帰のループが成立する。

手塚治虫とスタンリー・キューブリック、そしてディヴィッド・リンチは、ニーチェがアイデアを出しながらも果たせなかった「永遠回帰」の構造の作品化に成功したクリエイターといえます。

『ブラックジャック』の死生観

手塚が人間の生死について鬼気迫るほどの情熱を持って描いたのは「医療」の分野でした。もちろん、『ブラック・ジャック』のシリーズです。読み切りの短篇として、毎回テーマを変えて描かれたこのマンガの死生観も、ある程度はパターン化が可能です。

『ブラック・ジャック』は「無免許の天才医師であるブラック・ジャックが、全力を尽くして患者に対処した結果、患者は全快する

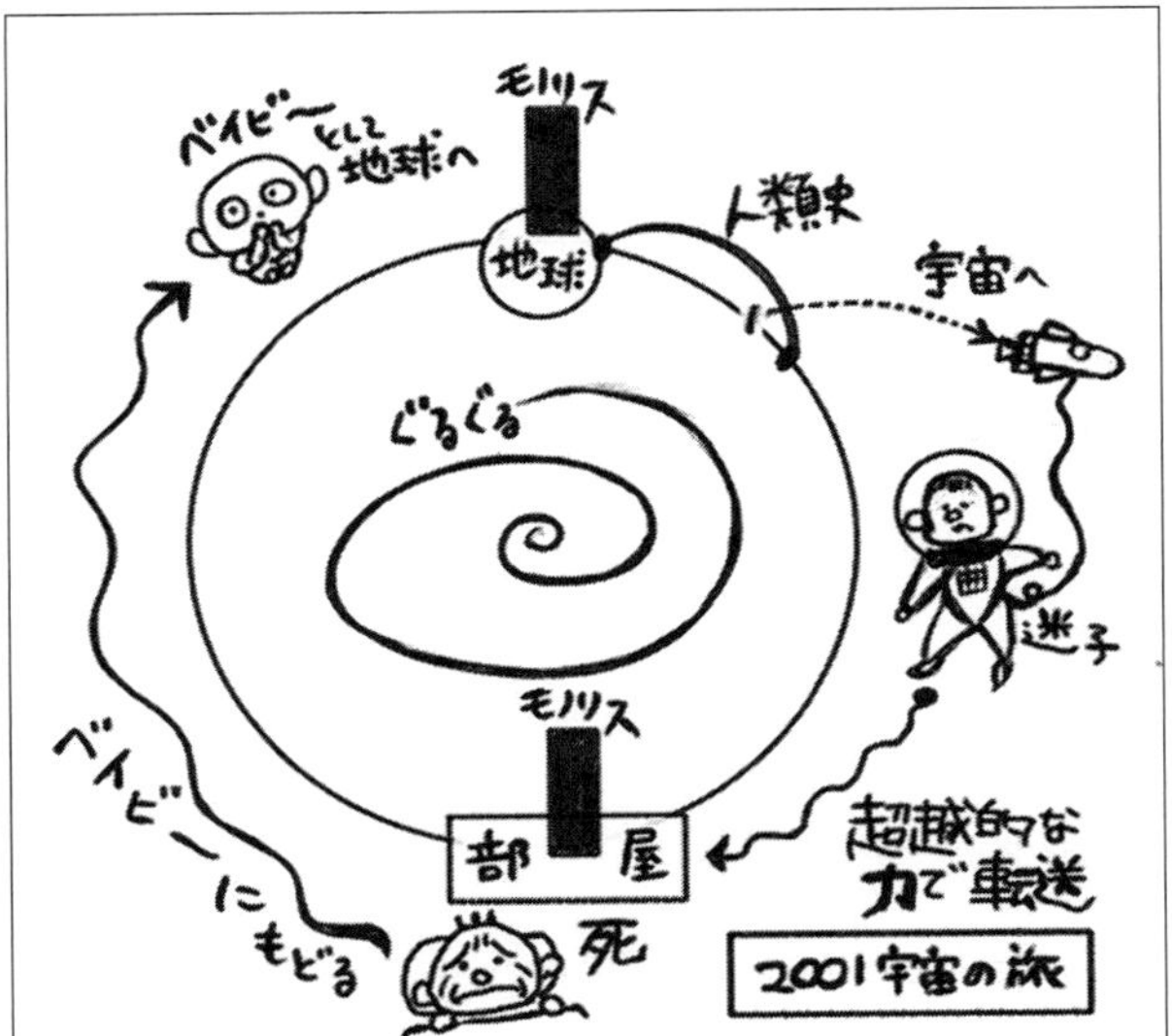

『2001年宇宙の旅』の永遠回帰

が、結局のところ、その他の病や交通事故、死刑などのまったく別の理由で死んでしまう」というパターンを毎回のように踏襲しています。

直線的な物語のラインでは「医師が全力を尽くし、患者が助かり、そのままめでたし、めでたし」という流れになりますし、一般的なマンガ家であれば、そういった大円団で終わらせるでしょう。

しかし、彼が好んで描いた物語のパターンは、患者が全快したとたんに、まったく因果関係のない突発的な死が元患者に訪れ、それが死因として容赦なく上書きされてしまうのです。そして、彼はブラック・ジャックの口を借りて「医者として患者に最善を尽くすこと」と「患者の生と死の運命が決定してしまうこと」は別の次元の出来事であると繰り返しメッセージを発しています。

この死生観は、哲学者サルトルが光を当てた「偶然の死」、つまり「因果なき死の可能性」と通じるものがあります。また、釈迦が説いていた死の絶対性とも共通項があります。

手塚治虫はマンガ家という肩書きで活動しつつも、実のところ、ニーチェとサルトルの系譜に続く哲学者だったのではないか、と著者は思うのです。

マンガ『ブッダ』の釈迦の思想における手塚治虫の独自解釈も加えるならば、彼は特異な仏教思想家であり、哲学的には医学的な視座に立った実存主義者といえそうです。表面的なジャンルの違いに人は惑わされがちですが、手塚治虫は世界のマンガ史に名を遺すとともに、哲学史にも名を連ねるべき人物ではないでしょうか。

第9章

日本人の「あの世」のイメージ『往生要集』
源信
対
キリスト教的他界観『神曲』
ダンテ

源信
942 ⬇ 1017

平安時代の僧。主著は『往生要集』。法然（1133～1212）や親鸞（1173～1263）などに大きな影響を与えた。

本章では、日本人の多くが思い浮かべる「あの世」と、キリスト教における「あの世」を哲学的に考察してみようと思います。

哲学の世界に終止符を打ったヴィトゲンシュタイン、死生に関して人々を導きながらも、死後の世界に関しては「無記（＝回答を避ける）」とした釈迦、そして死者の復活を宣言したキリスト。キリスト教では、預言者ヨハネが黙示録を加えたこともあって、具体的に「あの世」が明示されています。その他の宗教における死後の世界を描いたものとしては、エジプトの『死者の書』、日本の『古事記』、チベットの『死者の書』（成立年に諸説あり）、平安時代の僧侶・源信による『往生要集』、ダンテの『神曲』の順に成立しています。

『往生要集』は、釈迦の後代に成立した経典から、極楽往生とそのために必要な念仏に関する記述を引用し、まとめたものです。日本人がおおよそ「極楽」や「地獄」を思い浮かべるときに、そのベースとなっている「ネタ本」が『往生要集』ではないかと著者は考えます。

僧侶が絵解き説法に用いたり、絵本の素材となる地獄絵、落語をはじめ、映画やサブカルチャーに至るまで、日本で一般的に知られている地獄や極楽のビジュアルのルーツをたどれば、この『往生要集』にたどり着きます。

また、日本人の「あの世」のイメージを考える際の基本文献であるとともに、日本の葬儀とは何かを改めて考える際の「とっかかり」として、『往生要集』は最適な題材でしょう。

葬儀については、式次第など非常に複雑な形式や慣習が宗派ごと、地域ごとにあるため、本書の枠を超えてしまいます。

ともあれ、現状の日本においては、少数派の「仏教ファン」は別として、「お葬式や法事にお坊さんに来てもらって、何であれお経を読んでもらえば故人は成仏するだろう」と考えている人が多いでしょう。自身の宗派の教義はともかく、各宗派の提示する「あの世」などについては、まったく知らないケースも多々あります。その場合、では何が「あの世」のイメージソースになっているのかといえば、やはり『往生要集』ということになります。

実際、学生のみなさんに「あの世のイメージ」を絵に描いてもらうと、近年のマンガや映画、ドラマなどの影響が多分に見られるものの、それらはもともと『往生要集』がネタ本になっています。

ミュージカル仕立ての「厭離穢土」

『往生要集』は、かなりのボリュームがありますが、どこから読めばいいのでしょうか？まずは、「厭離穢土《おんりえど》」と「欣求浄土《ごんぐじょうど》」の章だと思います。以下、本稿では、現代語訳・梯信暁『新訳往生要集』（法藏館）によって、引用、検討します。

まず「大文第一」（第1章に相当）の「厭離穢土」の章ですが、まさに「地獄カタログ」の様相です。犯した罪によって死後の地獄の番地のようなものが非常に細かく決められています。その地獄カタログの中でも、「おそらく、これが一般的に地獄のイメージとして流布されているものの一つだろうな」という描写が「八　阿鼻地獄」に出てきます。おもしろいのは、ここでは「罪人が嘆くポエム」と「鬼が嘆くポエム」が対になっていて、オペラかミュージカルのような仕立てになっているところです。いや、ミュージカルというよりはヒップホップ・カルチャーにおけるフリースタイルのラップが近いかな、とも思います。

罪人のポエム
「すべてが炎につつまれて　空いっぱいにすきまなく
四方八方天も地も　みなあかあかと燃えている
地面はわずかの余地もなく　悪人ばかりが満ちている
身を寄せる場所も見つからず　頼れる者は誰もない
暗闇の中をただ一人　炎に向かって堕ちて行く
虚空をながめてみたけれど　日も月も星も出ていない」

鬼のポエム
「いついつまでも永遠に　猛火がお前を焼くだろう
悪にまみれた罪人よ　今ごろ悔いてもしかたない
神が与える罰じゃない　龍神・悪鬼のせいでもない
おのれの罪が縛るのだ　だから誰にも救えない
大海の水を手ですくい　一杯ずつでも汲み上げよ
今の苦痛は一杯分　大海の苦がまだあるぞ」

（梯信暁『新訳　往生要集・上』法蔵館、p41～42）

このやり取りには、キリスト教の「神が人を裁く」という考えは見当たりません。生前の「自分の罪」が因果となって地獄へ落とされるのです。鬼は罪人を苦しめようとしているのではなく、あくまでも「第三者」として罪人を見ているわけで、これは壮大な「戒め」であり、「倫理的な寓話」であり、「教訓」とも読めます。こんなことをするとこうなるよ、だからこそ、生きている間に善く生きよ、ということを、手を変え、品を変え、教えているのかもしれません。

極楽さえも修行の場——欣求浄土

大文第二（第二章）「欣求浄土」（極楽を願うこと）の章では、一転、極楽ではいかに物事がうまく運ぶかが説明されています。極楽には足を引っ張る人がいないのです。

とはいえ、そこが最終目的地ではなく、よく読めば、極楽もまた「修行の延長線上」にあるということがわかります。天の国に入ることをゴールと考えるキリスト教とは、そこが大きく違います。

仏教の極楽とキリスト教の天の国は、似ているイメージがありますが、場所の意味合いとしては違います。仏教における「極楽」という仏国土は、いわば「成仏を目指すのに好環境の学校」のようなものです。

極楽浄土のイメージのもとになっている「阿弥陀経」自体は、1世紀から2世紀の間にインドで成立していますので、その外観の描写は煌《きら》びやかで、エキゾチックです。『往生要集』では、この「阿弥陀経」からも引用しているため、極楽浄土という世界の装飾的な部分に気を取られがちですが、そこから一歩引いて、なぜそのような異世界が現世とは別に説かれたのかということに着目したいと思います（ルビは著者）。

極楽世界の人々は、多くの因縁に支えられて、最後まで退くことなく、悟りに向かって突き進む。その因縁とは、第一に、阿弥陀仏の本願の力が常に衆生を支えているから。第二に、阿弥陀仏の光が常に衆生を照らして菩提心を支援す

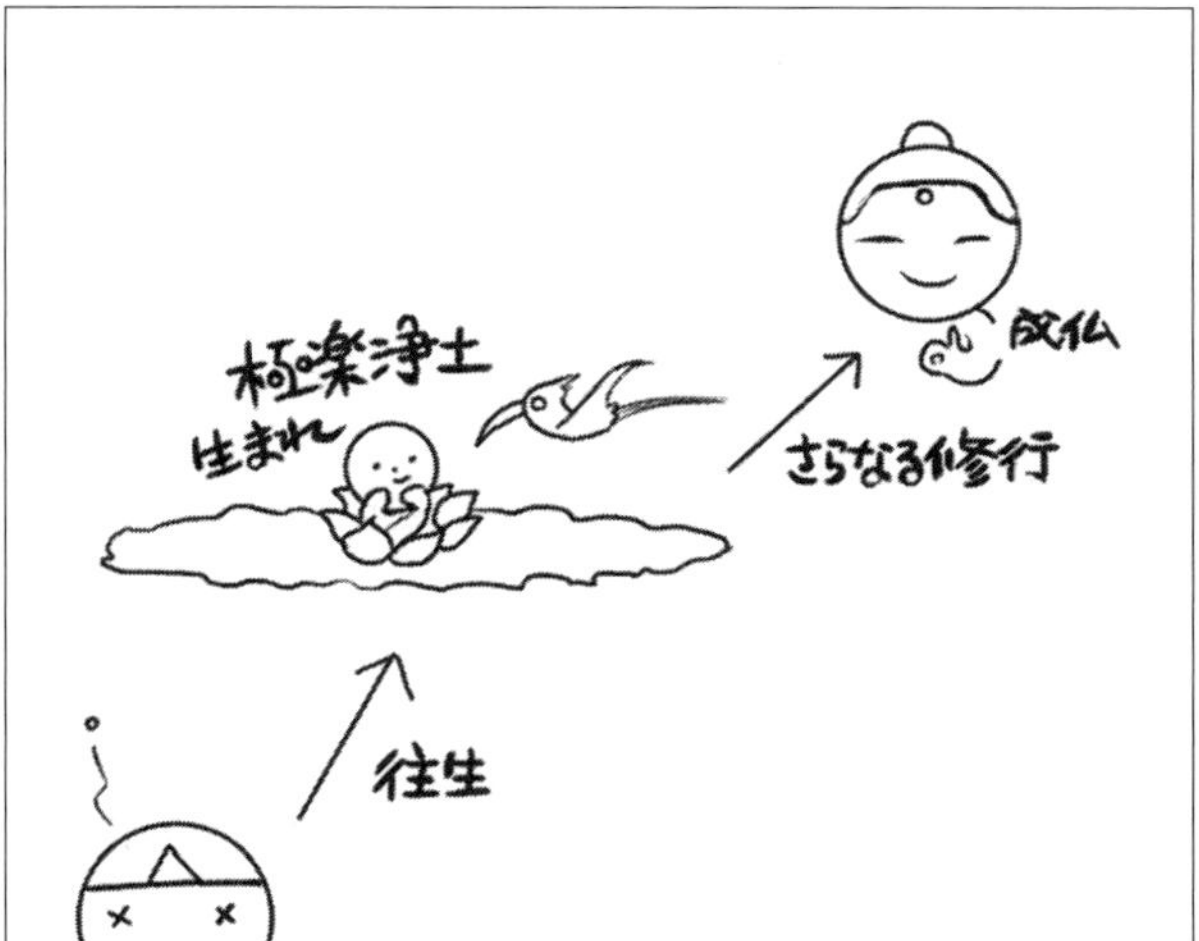

るから。第三に、水の流れや鳥のさえずり、風にそよぐ樹々や鈴の音などが、常に衆生に仏・法・僧の三宝を念ずる心を起こさせるから。第四に極楽の諸菩薩ばかりを善き友として、外からは悪縁の及ぶことがなく、心の内には重い煩悩が起こらなくなるから。第五に、仏と同じ永《えい》劫《ごう》の寿命を得ているため、仏道修行が死によって中断されることがないからである。

（同、p175）

現世、つまり私たちが生きている世界で「悟り」の世界を目指しても、「煩悩」と「邪魔者」に足を引っ張られてなかなか成功しません。煩悩と邪魔者、これは仏教の世界に限らず、現実社会においてもつきものであり、おおよそ物事がダメになる原因はこの二つに集約されると思います。

しかし、もし極楽に往生すれば、それらの妨害は一切なくなり、さらには阿弥陀の強力なサポートが得られるという考え方が「極楽」のベースにはあります。スーパーマリオにたとえるなら、ボーナスステージにワープし、さらには敵のいない面に進み、ゲームをクリアできる、そんなイメージです。

しかし、この極楽の描写もまた、倫理的な寓話と読み換えることが可能です。たとえば、会社でも学校でも、「まるで地獄のような人間関係」が発生することはよくありますが、「そういったものがなければ、すべてがよい方向に進みやすいですよ、水の流れや鳥のさえずりに気づくようなみずみずしい感性を失わないようにしましょう、仏様のサポートを信じましょう、そうすればよい世界に行けますよ」という示唆としても読むことができます。あるいは、ままならないこの現世では成就できないことでも、極楽に行きさえすれば、そこでは延長戦がありますから、諦めないで！　という、いわば応援歌のようなものとしても解釈できるのです。

『往生要集』と『神曲』を比較する

仏教学者の中村元（第8章既出）のユニークさは、『往生要集』を、ダンテの『神曲』と比較している点にあります。両者の共通点を「構想が雄大」「幻想も豊かな宗教的作品」と分析していますが、最もおもしろい考察は、それとは別にあります。中村は、キリスト教における「煉獄《れんごく》」は、仏教の「地獄」に近いのではないか、という指摘をしているのです（中村元『往生要集を読む』講談社学術文庫、p64）。日本の仏教では、地獄に落ちても、供養や仏の慈悲、自身の罪の償いなどさまざまな救済措置があるので、キリスト教の「地獄」のように「こうなったらもう救いようがない」という状態ではありません。しかし、キリスト教における死後の浄めのための中間地帯「煉獄」は、仏教の「地獄」に似ており、両者とも「生前の過ちのやり直し」が効く場所とされています。

煉獄とは何か

日本の地獄はキリスト教の煉獄に近いと中村は指摘しましたが、地獄に比べて「煉獄」がわかりにくいのは、宗派によっても考え方が異なり、「これ」といった定義を打ち出すことは難しいからです。煉獄とは、もともと「浄化」を語源とする「浄めのための世界」であり、古くからのキリスト教の概念なのですが、その一方で、聖書にはほとんど言及がなく、だからといって、聖書の表現の中にその根拠がないわけでもないという、いわば成立の経緯においても教義的にも「グレーゾーンの概念」なのです。

サブカルチャーでしばしば題材になる一方で、宗教者が煉獄に言及することはほとんどありません。著者は、中学から大学院まで16年間もカトリックの学校に通いましたが、宗教の科目を担当した神父から煉獄の話を聞いたことは一度もありませんでした。ただし、完全に否定しているわけではないようです。他方、合理主義的で、教会よりも聖書を重要視するプロテスタントの人たちは、煉獄自体を否定する傾向にあるようです。

煉獄とは、なんとも宙ぶらりんな存在ということになるでしょう。

ダンテ・アリギエーリ

1265 ➡ 1321

イタリアの詩人。叙事詩『神曲』を著した。政治家としての顔も持ち、一度は地方のリーダー（統領）に選ばれたこともあったが、公金横領罪などさまざまな罪を着せられて、放浪の日々を送った。

西洋の源信、ダンテの煉獄

煉獄の世俗的なイメージをおおよそ決定づけたのが「西洋の源信」ダンテだと思います。彼の主著『神曲《しんきょく》』には「地獄篇」「煉獄篇」「天国篇」があります。ここでは、その「煉獄篇」を取り上げてみようと思います。

『神曲』は、実在した早世の美少女、ベアトリーチェに捧げるために書かれたもので、現実と空想が入り混じった叙事詩として世に出ました。ダンテ自身がベアトリーチェのいる天国に向かうまでの地獄、煉獄という道のりを描いた宗教詩の趣きもあります。ダンテの宗教批判も旺盛で、実在の教皇が地獄に落とされているといったブラックユーモアがそこかしこに見られる、少しコメディ要素のある叙事詩です。物語は、「死後の世界の冒険を通じて主人公（ダンテ）が成長し、天国で憧れの女性と再会する」というわりとわかりやすいものです。後代の文学作品に大きな影響を残し、『往生要集』と並んで現代日本のサブカルチャーへの影響も計り知れません。

プラトンも登場する「煉獄篇」

「煉獄篇」には、プラトンの名が出てきて驚かされます。ダンテが考える「あの世」においては、哲学者は「天国に召されていない」のです。以下は「煉獄篇」からの引用で、そこでは主人公を先導する「先生」と呼ばれる人物がこう話します。

三位一体の神が司る無限の道を　人間の理性で行き尽くせると
期待するのは狂気の沙汰だ。
人間には分限がある、『何か』という以上は問わぬことだ。
もしおまえらにすべてがわかるというなら、マリヤが（キリストを）
お生みになる必要はなかった。
もう見たではないか、そうした空望みを抱き、

それが満たされぬままに
永劫の憂目に遭っている人々、
名前をあげればアリストテレスやプラトン、
その他多数の人々がそれだ

（ダンテ『神曲　煉獄篇』平川祐弘訳、河出文庫キンドル版）

死生観を哲学的に考えようとする本書の試みも、ダンテから見れば「地獄や煉獄行き」となりかねないのだろうと思います。それはともかく、わりと好き勝手に実在の人物を地獄・煉獄・天国に配しているように見えるダンテですが、実際には、問題になりそうな部分は、同級生だった大司教にいちいち相談していたようです。イマジネーションのままに美しい文学作品を創作すると同時に、それが世間に不敬として糾弾されることのないように、慎重に確認作業を怠らなかったダンテは、単なる文学青年ではなかったようです（野上素一『ダンテ』清水書院、p54）。

煉獄を哲学的に考える

ダンテが想定した煉獄はそれほど悪い場所でもないようです。ダンテの描く煉獄は小さな島であり、そこには「澄み切った大気」がただよい、「藺草《いぐさ》」が生えています。藺草は宗教的なメタファーとして重要なアイテムで、謙譲の象徴です。東方にはうるわしい光が見え、星が輝き、天使が訪れることもあるというのです。岩が切り立った山もあり、その山は登れば登るほど苦しみが減じるそうです。

こうした「設定」をどう読むかについては、複数の解釈が可能でしょうが、「煉獄」をこの世界の戯画として読むのが哲学的な読み方だと思います。

たとえば、煉獄の島には「罪を清めんとする人が、祈りながら苦行に殉じている」とありますが、これはわたしたちの姿と重なるところがあります。わたしたち人間は、どこから来て、どこへ行くのか、実のところまったくわかっていません。

煉獄の山を、わたしたちの精神的な活動の場にたとえているとすれば、苦しみながら登れば登るほど苦しみが減する、というのもうなずけますし、わたしたちの住んでいる世界にも、ダンテのいう煉獄で描写されているような、神の使いのような人物が稀に現れます。イエス・キリストはその典型です。また、多数の奇跡や偶然の一致などが起こり、それらはわたしたちに重要な「ヒント」をくれます。しかし、奇跡を信じなかったり、奇跡を起こす者を迫害したりするのも常で、歴史はそのようなことを繰り返してきました。

私たちは、時々、神々しいほど美しい光景を「実際の風景」として見ることもあれば、シュルレアリストの画家のように内面世界として見ることもあります。一方で、人は何かしら夢や目的に向かって突き進みもします。山を登る途中で苦難に出会い、挫折があり、さまざまな光景を目の当たりにする。まさにわたしたちが生きるこの世界も、煉獄の風景と重なるところが多いのです。

もしかすると、私たちは「この世」にいると思い込んでいるけれども、実際には「煉獄」にいるのではないか。そんなひらめきが、『神曲』を読んでいるうちに、著者の頭をかすめました。あるいは、心の持ち方によっては、地獄・煉獄・天国のいずれにもなりえるのがこの世界であって、その心持ちは、そのまま死後にも持ち越される、と考えてもいいのかもしれません。心の持ち方によって、同じ景色でも輝いて見えたり、反対に、地獄のように見えたりすることはよくあることですから。

煉獄の火と浄土思想の火

『神曲』の煉獄には出口があります。出口の先に天国があるのです。煉獄の出口は「炎」の向こう岸にあり、主人公は「火渡り」をしなければ、そこにたどり着くことができません。煉獄までは智と才、つまりは理性で通ることのできる道なのですが、その先は「理屈の通らない世界」となります。理性で世界を捉えようとする哲学的な世界を地獄や煉獄として描き、それらを超越した世界として美しい天国を描き、読者を、まるで追い込み漁のような手法で信仰の世界へと導くよう物語は構成されています（ルビは著者）。

私たちは猛火をくぐり、ついに坂の下の口へ出た。
「来れ、わが父に恵まるる者よ」
とそこに輝く浄光の中から声が響いた。
眼もくらみ、仰ぎ見ることもできない光だった。

（中略）

永遠の劫火と一時の劫火を、
息子よ、おまえは見た。
そしておまえが着いたこの地はもはや私の力では分別のつかぬ処だ。
私はここまでおまえを智と才でもって連れてきたが、
ここから先はおまえの喜びを先達とするがよい。
峻険《しゅんけん》な、狭隘《きょうあい》な道の外へおまえはすでに出たのだ。

（同）

この天国と煉獄の境目にある「猛火」で著者が思い出したのが、『往生要集』です。『往生要集』の地獄でも、炎は重要なアイテムになっています。双方の炎の性質を比較すると、

『神曲』の煉獄の炎は「浄化」の作用がありますが、『往生要集』の地獄の炎は「自らの罪が起こす火」なのです。

地獄の声を聞くだけで　そんなに震えているけれど
いよいよ地獄で焼かれたら　枯れ草のようによく燃える
地獄の炎が焼くんじゃない　おのれの罪が起こす火だ
ほかの炎は消せるけど　おのれの罪の火は消せぬ

（梯信暁『新訳往生要集　上』p38～39）

鬼は炎の中に罪人を投げ入れるだけであり、火炎放射機を放つわけでも、龍のように火を吐くわけでもないのです。炎の火種は罪人自身にあるのですから、煉獄の火と浄土思想における火は、似ているけれども性質が異なります。浄土思想における「火」は自分自身の罪の具象化なのでした。

現代詩やドラマにも引用される「火」

アメリカのモダニズム文学でも、宗教的な「火」が引用されています。てっきりダンテの煉獄からの引用かと思いきや、これが意外にも仏教由来ということで驚いたことがありました。20世紀のモダニズム詩の金字塔とされるT・S・エリオット（1888～1965）の詩『荒地』の「火の説教」には「燃える燃える燃える燃える」という詩行がありますが、これは煉獄の火ではなく、釈迦の説教のことを指しているのです。エリオットは、ヘンリー・クラーク・ウォレンの『翻訳仏教経典』を読み、人が離脱すべき情念の火のことを詩に詠んだわけです（『荒地』岩崎宗治訳、岩波文庫）。

一方でエリオットは、サラリーマン（会社員）をダンテの地獄の住人にたとえています。エリオットの思い描く地獄とは、ダンテと仏典の折衷《せっちゅう》であり、現代人の内面にある地獄として仏典の中の「火」を引用したのではないかと思います。

なお、この『荒地』が引用されているのがアメリカのテレビドラマ『ツイン・ピークス』（1990～91年　2017年）です。「火」が最重要キーワードになっていて、劇中で、おそらく仏典のほうの「火」がメタファーとして使われています。『荒地』の詩の中で連呼される「アルバート」という名の人物が、ドラマ内でもキーパーソンとして出てきます。

このように古代の神話から現代のテレビドラマまで、「あの世の話」は人類が紡ぐ物語の鉄板ネタです。釈迦は形而上学的な問いかけには「無記（語らない）」としましたが、人間はあの世の話を創作せずにはいられないのです。そうした物語を仔細に観察してみれば、それらは決して非合理な夢物語などではなく、現世に対する哲学的な考察にもなっている、といえるでしょう。ですから、時代に合わせて新しい物語がマンガ・アニメ・ドラマ・映画などで紡がれ続けていくことは自然なことなのです。

「あの世の話」には実存主義が隠されている

『往生要集』『神曲』『荒地』、そして、その他のサブカルチャー作品、それらに総じて言えることは、古今東西、ジャンルに関係なく、「あの世の話」というものは、死の物語に見えて、実のところ、「いかに生きるか」という実存主義的な物語なのです。どうしたら、煉獄から脱することができるのか、地獄に堕ちないためにはどうすればいいか、という生き方指南として普遍的な価値を持っているのです。このあたりに、わたしたち人間がいつの時代も物語を求めてやまない理由がありそうです。

たとえば、1980年に出版され、現在もロングセラーになっている『絵本 地獄』(風濤社)もそれに相当すると思います。同書は、1784年に江戸の絵師によって描かれた地獄絵をデザイナーが再構成したものですが、これが13万部という異例のベストセラーとなっているのです。

絵本に登場するのは次のような地獄です。「なます地獄」「かまゆで地獄」「火あぶり地獄」「針地獄」「火の車地獄」「竜の口地獄」「さいの河原」。この絵本は幼児教育に活用されているようで、死に触れる機会が極端に減った子どもに死後の世界をイメージさせることや、善悪の区別がつかない子どもたちに「こういう悪いことをしたら、こんな地獄に落ちるよ」という教育的要素があるようです。この絵本のあとがきにはこうあります。

いまの子供らは、家族の単位が変化し、医療のあり方が変って祖父母や兄弟といった肉親の死に直面する機会がめったになくなりました。昨日役柄の中で死んだ俳優が別の役割で今日出るといったテレビから、死ぬということを子供らはどうとらえることができるでしょう。さらに「科学的にモノを見よ」という教育は、「死のこわさ」について殆ど語ることができていません。

(『絵本　地獄』監修・宮次男、風濤社)

たしかに、現代の子どもは、葬儀に参列する機会も少なければ、祖父母も施設や病院で亡くなるケースが多いため、病気で苦しむ身近な人を見る機会も減って、死はテレビドラマや小説の中の出来事になりがちです。問題は、「死は取り返しがつかない」と論理的に気づく前に、子どもが自殺してしまうことです。

当事者にしかわからない事情はもちろんあるでしょう。しかし、直接的な原因の他に「死に関する教育が手薄だった」という遠因もある、と著者は思います。哲学的見地から、もしくは宗教的なアプローチから、子どもたちに死について考える機会を大人が設けること、それが緊急に必要であると思います。

生まれてくるのが早すぎた！　中世哲学者ブルーノ

本章で取り上げた「あの世の物語」へのアプローチは、哲学的なテーマにはなりますが、「実際に死んだらどうなるのか」といった科学的な検証とは別次元の話でもあります。

では、科学的なアプローチからはどのような示唆が得られるのでしょうか。

物理学者のホーキング博士（1942〜2018）などにより、並行宇宙の存在の可能性が示唆されています。多元的な並行宇宙の存在が科学的に証明されれば、宗教と科学の領域は、どこかの点でつながる可能性もあります。

意外なことに、現代の科学的な並行宇宙論が始まるずっと前、すでに中世にそれを直観し、思想体系を構築すべく試行錯誤していた天才哲学者が存在するのです。それがジョルダーノ・ブルーノ（1548〜1600）です。その思想はあまりにも時代に先行していました。現代でも証明するのは難しいとされている並行宇宙の存在を、中世に確信していた哲学者がいたというだけでも驚かざるをえません。

ブルーノは当時、異端として排斥され、火あぶり（焚刑《ふんけい》）になってしまいました。

次章では、古くて超・新しいブルーノの思想を明らかにしていこうと思います。

第10章

ともに宇宙観に強く結びついた死生観

中世哲学者ブルーノ
対
現代物理学者
セーガン

ジョルダーノ・ブルーノ

1548 ⬇ 1600

イタリアの哲学者であり、ドミニコ会の修道士でもある。思想が異端だとされ、裁判にかけられた後に、火あぶりにされた。

地球が誕生して46億年、生命の誕生からは40億年といわれています。地球に生命が生まれたのは、非生物の有機物が集まったという説や、宇宙から飛来したという説が有力ですが、どちらも仮説でしかありません。ましてや人間の死や死後の世界の謎が簡単に解けるはずもないのです。

しかし、それでも、現在では哲学、宗教学などの見地から、死について、ある程度のラフスケッチが出来つつあることは、これまでの考察で見えてきたかと思います。とはいえ、科学的な視点と宗教的な視点の両方を兼ね備えた思想家となると、そう多くはありません。宗教者でありながら科学的精神を持っていたブルーノか、クザーヌスか、もしくは最先端をいく科学者でありながら霊的感性に満ちた天文学者のカール・セーガンか。あえていえばこの3人が、科学と宗教を結びつけることができたのではないか、と思います。本章ではこの3人を取り上げます。

深く結びついた宇宙観と人間の死生観

この宇宙はどのような構造になっているのかを問う「宇宙論」と、その内側で暮らす人間の「死生観」には密接な関係があると思います。生まれた土地から一度も出たことがない人の視野の限界が「山」であれば、死後は「山の向こうに行く」と考えることは、ごく自然なことです。海辺の集落から出たことがなければ、「海の果て」を死後の世界に見立てることも自然です。

ブルーノも「果て」を考えました。ただし、ブルーノは、山でもなく海でもなく、宇宙の果てを考えたのです。過去の文献からインスピレーションを受け、宇宙の果ては文字通り「果てしないもの」であることを直観し、並行宇宙までを含めた無限に広がる宇宙の神秘を神そのものと考えました。

いまでこそ物理学から天文学、さらにはSF映画までさまざまなジャンルにおいて並行宇宙や多元宇宙論《マルチバース》（宇宙は我々が存在する宇宙だけではなく複数存在するという仮説）が語られるようになりましたが、それよりもはるか昔のルネサンス時代に、すでにそのような宇宙論と死生観を結びつけたのが、ジョルダーノ・ブルーノなのです。

彼は後述するクザーヌスの宇宙無限説とコペルニクスの地動説を取り入れ、無限の宇宙における無数の世界（太陽系）の存在と、それらの生成消滅を主張しました。

一口に並行宇宙や多元宇宙といってもさまざまな解釈があるのですが、ブルーノは、どこかに「私たちの住む世界と同じ世界」があると考えました。無限の宇宙の中には、私やあなたと同じような存在が他にもいて、どこかで同じようなことをしているかもしれない、という突拍子もない世界観ですが、彼はそれを信じていました。

しかし、それも「ない」とは言い切れないほどに、宇宙はいまだ謎だらけなのです。ブラックホールの向こうには何があるのかを観測することはいまのところ不可能であり、余剰次元や「ひも理論」の謎もまだ解けていません。ですから、ブルーノの描いていた世界観は、最新の科学をもってしても否定できるものではありません。ルネサンス期とはいえ、当時はまだキリスト教支配の強い世界で、そのような自説を主張したらどうなるのか？

結論からいえば、ブルーノは異端審問にかけられ、火あぶり（焚刑《ふんけい》）で死刑となりました。

これまで本書でも、繰り返しキリスト教の死生観を説明してきましたが、それらと並行宇宙の存在は、言うまでもなく相反するものです。ブルーノの時代のキリスト教の支配が強い世界で、そのような主張をすることは自殺行為にも等しいといえます。しかし、ブルーノはブルーノなりに、独自の理論でキリスト教の信仰と多元宇宙の存在をリミックスしようとしたのです。

ブルーノはさらに、死生観もそこに重ね合わせていたため、彼自身、死の間際にもまったく動じることがありませんでした。また彼は、現在も研究途上の量子論ともかなり近い説を提唱しており、物質の極小の単位として「不滅の単子」の存在を唱えていました。極小の世界においても、天文学（極大の世界）においても、彼の思想は現代を先取りしていたと言えるでしょう。

ブルーノの言う「不滅の単子」とは形而上学的な概念ですので、ここでは、物理学的な視点からそれに相当すると思われるものを探ってみましょう。

科学と宗教と哲学の接地点――ペンローズ

ブルーノは、宗教者の立場で物理学的な理論を説きましたが、物理学者の立場から宗教や哲学を語る人物がいます。現代の物理学者ロジャー・ペンローズは、哲学と宗教と物理学を結び

ロジャー・ペンローズ（1931～）
イギリス生まれの数理物理学者。
オックスフォード大学教授。

つけました。

ペンローズは、量子力学的な運動が人間の脳内でも繰り広げられていると主張しています。量子とは、簡単に言うととても小さな物質やエネルギーのことで、原子、電子・中性子・陽子といったものも含みます。「量子論の父」と呼ばれるドイツの物理学者マックス・プランク（1858〜1947）によって発見された微小の物質です。

あらゆる事象を量子レベルまで掘り下げて考察していけば、「意識」のような観念的な存在も、物理的に解明できると考えるのがペンローズなのです。意識というものは個人的かつ〝大域的〟なものだとペンローズは考えます。大域的とは、大きな範囲に渡って、という意味です。

私には、意識というものが何か大域的なものだと思われる。したがって意識の原因となるどんな物理過程も、本質的に大域的な性質を持っているに違いない。量子的干渉は確かにこの点での要求を満たしている。

（ペンローズ『心は量子で語れるか』中村和幸訳、講談社、P206）

ペンローズの仮説を信じるか、信じないかはさておき、もし本当に「量子的なもの」が脳の動きを司っているとしたら？　その場合、脳は思考の生産場ではなく、精密な受信機のようなものということになります。いわゆる「虫の知らせ」や第六感、テレパシーなども、ユング心理学とは違った切り口で説明できる可能性があります。もしかしたら人間の死後に、肉体から魂のようなものが移動していく様子が、量子レベルで説明できる可能性すらあるかもしれません。

こういう話は、ともすると科学とオカルトの境界線をまたぐことになるため、あまり深追いしたくはありません。量子論は仮説だらけであり、部外者がうっかり触ると火傷しそうなジャンルでもあります。実際、量子論とスピリチュアリズムを混ぜ合わせ、自己啓発と結びつけた奇妙な俗説が横行しているという現状も問題です。

とはいえ、量子論をエンターテインメントとして楽しむのであれば、仮説だらけの現状を取りあえず「おもしろがる」ことはできます。つまり、「神秘」や「あの世の話」を科学と結びつけて物語化した映像作品などを、哲学的な考察の題材として楽しむ道ならアリかな、と思うわけです。たとえば、量子論と哲学的な死生観をリミックスして物語化することに初めて成功したと思われるのが、日本のアドベンチャーゲーム『シルバー事件25区』(2005年、グラスホッパー・マニファクチュア)です。「現世」「死者の世界」に、量子論を重ね合わせたこのゲームは、過去のどの哲学者も考えつかなかったユニークな死生観を提示しています。

驚嘆すべき先覚者ブルーノの宇宙観

ブルーノに戻りましょう。ジョルダーノ・ブルーノは、量子のような「微小の存在」にまで〝神の影〟を読み取る感受性を備えた人物でした。登場が早すぎた天才は、いつの時代も決まって酷い迫害を受けるものですが、先述のようにブルーノもまた焚刑に処されました。その思想は、いま読んでも新しい驚きに満ちたものです。

神は全世界にくまなく遍在し、そのそれぞれの部分のなかで無限かつ全的に存在しているからです。

（ブルーノ『無限、宇宙および諸世界について』清水純一訳、岩波文庫、P64）

「汎神論《はんしんろん》」を体系的に整理し、世に知らしめたのはオランダの哲学者スピノザ（1632～77年）ですが、ブルーノはそれに先行しています。「汎神論」とは、神が世界にあまねく存在するという理論であり、大雑把に言えば、この世界＝自然＝神と見る世界観です。

宇宙の原理（神）は、統一的かつ無差別に存在します。

（ブルーノ『原因・原理・一者について』加藤守通訳、東信堂、P128）

諸世界は無数に存在し、この宇宙のさまざまな領域に、我々の住んでいるこの世界、この空間、領域が、そう考えられ、そうあると同様のしかたで、存在し、存在していると考えるべきです。

（ブルーノ『無限、宇宙および諸世界について』P247）

宇宙全体にも、微小なものにも、超越者の存在を感じ取っていたブルーノ。その宇宙観は仏教的な宇宙観と似ている一面があります。たとえば、仏教における「三千世界」のような宇宙観と、ブルーノが主張する宇宙の地図は共通点があります。ブルーノがもし仏教徒だったら、少なくとも火あぶりに処せられることはなかっただろうと思います。

死の恐怖を克服したブルーノ

ブルーノの著作『英雄的狂気』（東信堂）には、彼の死生観が描かれています。彼の思想では「神」がそのまま「宇宙」ですから、その中で起こる死に対しても動じないというものでした。彼はそれを格式張った形式ではなく、たとえ話で描きました。

裏切り者の不吉な波に

おまえの舟のへさきは上下に大きく揺れている。
魂も、煩わしい心配に打ち負かされて、
膨張して傾いた潮流になすすべがない。
おまえの凶暴な敵に櫂を譲り渡しなさい。
思い煩うことなく、死を待ちなさい。
死を見ずにすむように、目を閉じなさい。

（ブルーノ『英雄的狂気』加藤守通訳、P219～220）

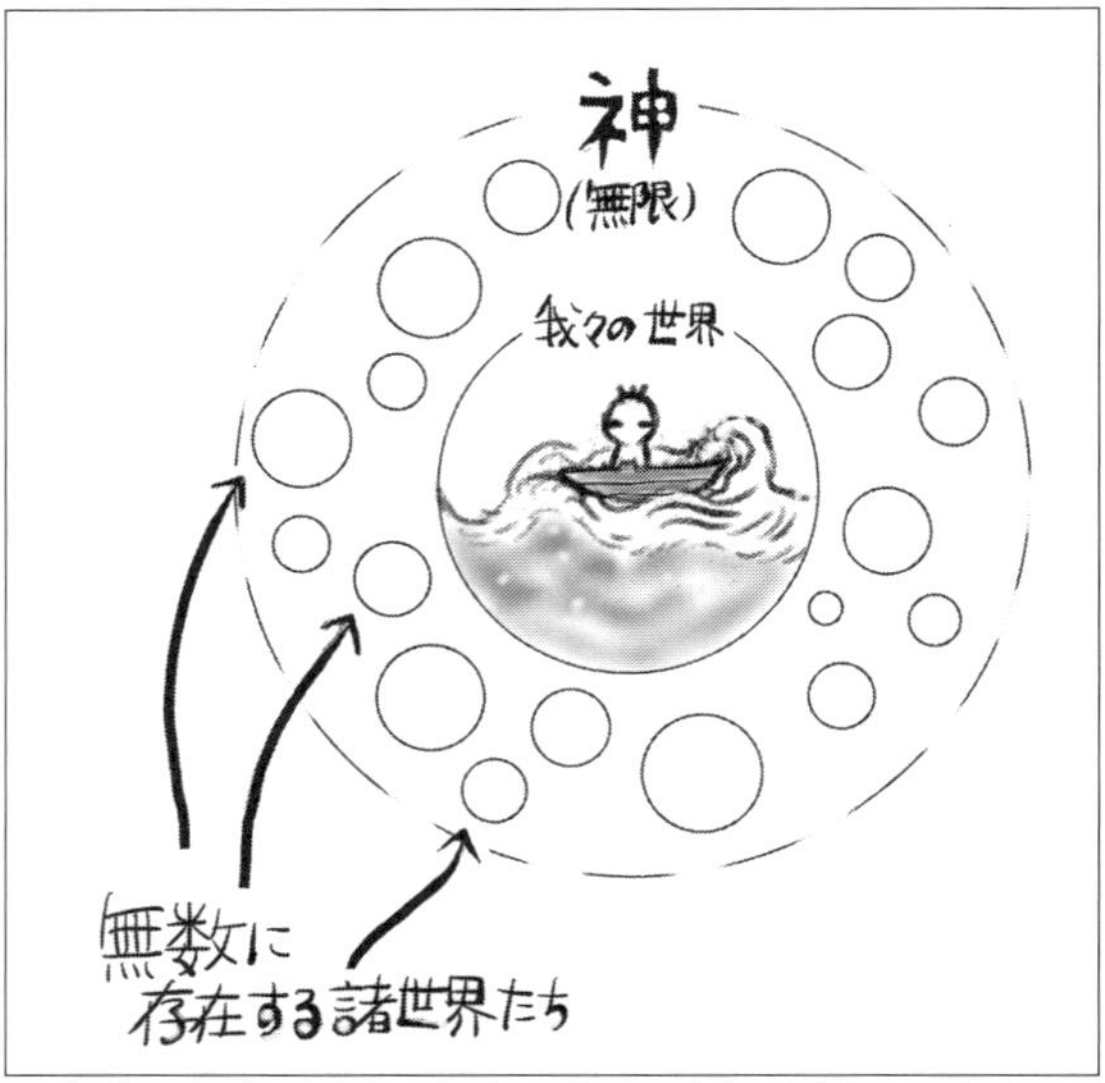

ブルーノの宇宙＝死生観「凶暴な敵に櫂を譲り渡しなさい。思い煩うことなく、死を待ちなさい」

ブルーノはどうやら「死への恐怖」を本当に克服していたようです。火あぶりになる際にも、彼はまったく動じず、それどころか、裁判官に向かって「あなたの方が怯《おび》えている」と言い放ったとされています。そんな揺るぎない態度は、明らかに彼の汎神論的かつ多元的な宇宙観から来るものでしょう。また、ブルーノは喜劇の脚本も手がけた多才な人物でした。喜劇『カンデライオ』（加藤守通訳、東信堂）のラストシーンのセリフは、まるで彼の遺言のようです。

わたしは悲劇の主人公の役を終えて、手でも財布でも服でもなく、〈然れども、心と精神にて喝采する〉のですが、あなた方は〈いままでもっとよい運命に導かれ〉わたしたちのうんざりするやっかいな事件の快活で幸福な観客なのですから、より一層〈元気でいてくだされ。喝采してくだされ〉。

（ブルーノ『カンデライオ』（加藤守通訳、東信堂、P198）

ブルーノにとっての人生観とは、汎神論的な宇宙の内部で起こる喜劇かつ悲劇であり、その中で、ブルーノという役回り果たしただけのことだったのでしょう。

しかし、そのような粋な表現ができるクリエイターであり、哲学者だったブルーノが、火あぶりという最期を迎えたことはほんとうに残念です。明らかに、彼は生まれる時期が早すぎた天才でした。

ブルーノの宇宙観はオリジナルか？

ブルーノによって、さまざまな並行宇宙を含む壮大な宇宙観と死生観の関連性を見出すことができましたが、こうしたブルーノの思想が完全なオリジナルかといえば、実はそうではありません。ブルーノの宇宙観は、クザーヌスという思想家からインスパイアされたものなのです。これはブルーノ自身も公言しています。

クザーヌスの著作『学識ある無知について』（平凡社）を読めば、ブルーノの宇宙観は、その多くをクザーヌスに負っていることがわかります。クザーヌスの宇宙観を示す文章を見てみましょう。

ニコラウス・クザーヌス（1401〜1464）
ドイツの神秘思想家。1430年に司祭に叙階された。1448年に枢機卿に任命され、晩年にはローマに滞在して多くの哲学的著作を著した。（『岩波哲学・思想事典』）

「絶対的最大者そのものである神は光である」と言うことは、「神は最大限に光であるとともに最小限に光である」と言うことにほかならない。（クザーヌス『学識ある無知について』山田桂三訳、P26）

「神は最大限に光であるとともに最小限に光である」とは、どのような意味でしょう。まるでナゾナゾのような言葉ですが、何センチとか何キロとか、人間が便宜的に設けた尺度を超越して、すべてが神であるというのが彼の世界観であり宇宙観なのです。

ここからは、著者の推測ですが、彼は「素粒子」の存在を直観していた可能性もあるでしょう。本章でも取り上げた物理学者ペンローズが仮説を立てた素粒子の形は、スピンする素粒子がペアになって高速で回るドーナツのような光の爆発物とされています。もしもそれを最小単位だとするならば、クザーヌスの直観（最大限に光であるとともに最小限に光である）は、まさにそのような構造物の描写であり、クザーヌスの「絶対的単純性のうちに万物を包括する」（同書P127）という表現も、それに当てはまります。

死とは存在のあり方の変容——クザーヌス

クザーヌスは、死を「ある特定の存在様態が消失した」と考えました。つまり、これまで肉体を持って地上に存在していたという形態が終了して、違う存在になったと考えたのです。

死とは複合体がその成分に分解する以外の何ものでもないように思われるが、このような分解が、ただ地球に棲む者にのみ起こるものかどうか、誰が一体知りうるだろうか。

（中略）

プラトン学派の人たちが言うように、形相だけが原型、すなわち宇宙の魂へ還り、質料は可能性へと還るにしても、この両者の結合を行う霊は星の運動のうちに留まるのかどうか、一体誰がよく知りえようか。

（同書P190）

『岩波哲学・思想事典』によれば、クザーヌスは、1437年の東西両教会の統一の協議のためにフェララの公会議に赴いた折、新プラトン主義の哲学に触れたようです。ここでの「プラトン学派」は、広義のプラトン学派（プラトンの思想を体系化したさまざまな学派）というよりは、特に新プラトン学派（3世紀頃、語りえぬ一者から世界が流れ出していると考え、人間は「我」から抜け出ることでまた一者に合一すべきという思想）のことを指しています。

引用文中の「形相《けいそう》」がわかりにくいかもしれませんが、イデア（感覚を超えた真の実在）を分有する（分かち持つ）ものを指します。

これでもわかりにくいので、イラスト（左）にしてみましょう。

たとえば、ここに、ふさふさ（モフモフ）した毛の飼い犬がいるとします。それは「犬のイデア」を分有（分け与えられたイデアを持っているという所有の仕方）し、それを保っているとされます。

そのイデアがモフモフした毛の束やその他の素材と結合することにより、飼い犬として目の前に現れているのが「生きる」ということです。そして飼い犬が死んでしまった場合、素材（モフモフ）は土に還りますが、形をつくっていた本質的なイデアの形相（犬の真の実在、犬のイデア）は、再び宇宙の神秘的な存在に還る、という考え方が新プラトン主義の死生観です。

クザーヌスは、ある程度までではこの新プラトン学派の死後の観念を意識しつつも、死に関する結論には決定稿を出さず、保留にしています。

保留とはいえ、若干ではありますが、著作の中にはクザーヌス自身の死後観念も垣間見えます。それは「キリストの姿に万物の完成を見てのち、信仰を通じて絶対的最大者に還る」といったものでした。いわば、超越的で神秘的

新プラトン主義の死生観

な「一者（神）」と、我を抜け出てそれに合一するという考え方が新プラトン主義だとすれば、その中間地点にキリストの存在を置いたのが、クザーヌス独自の死生観ということでしょう。

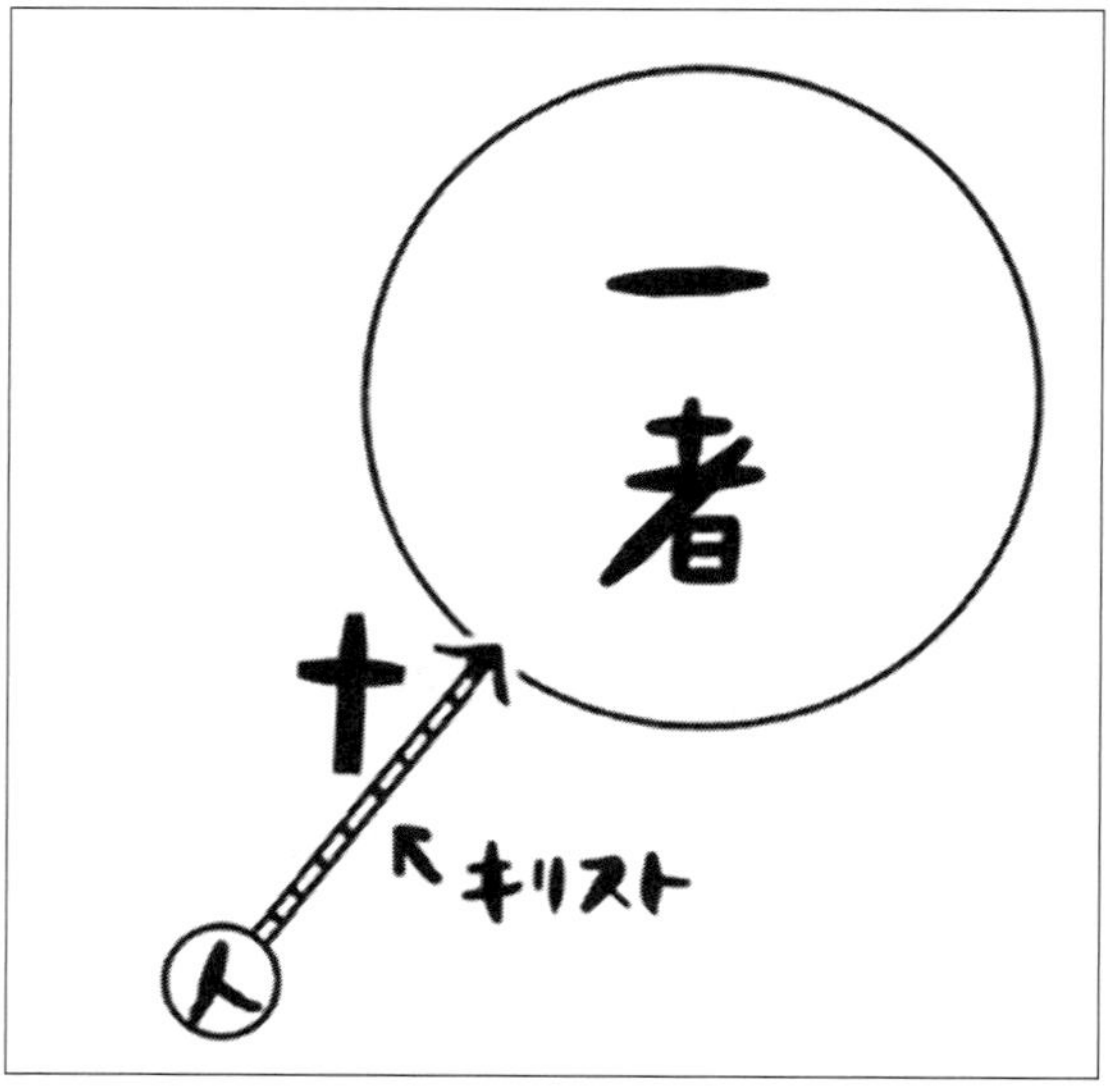

クザーヌス独自の死生観。新プラトン主義と大きく違うのは「信仰を通じて」という点。

カール・セーガン
1934 ⬇ 1996

アメリカの天文学者・作家。コーネル大学教授。NASAの太陽系探査計画に指導的な役割を果たした人物。ジョディ・フォスター主演の映画『コンタクト』の原作小説の著者でもある。

天文学に死生観を統合したセーガン

「神は最大限に光であるとともに最小限に光である」と提唱したクザーヌス、「諸世界は無数に存在する」と主張したブルーノ。彼らの思想は、現代の科学者カール・セーガンにも継承されています。

セーガンの『COSMOS』（木村繁訳、朝日新聞社）は、1980年の著書ですので、いま現在では、天文学の議論としては通用しない部分もあるでしょうが、その宇宙観と死生観はいまでも一読に値するものです。彼のアイデアは、極小の存在の中に宇宙に相当するものが存在するというもので、その宇宙観と連動して、セーガンはまったく新しい死生観を人類に提示しています。

奇妙だが、忘れられない刺激的な考えが一つある。それは、科学や宗教のなかの、きわめてみごとな考えの一つである。この考えは、まったく実証されていないし、将来にわたっても証明されることはないかもしれない。しかし、それは、私たちの血をわきたたせる。

その考えによれば、宇宙には無限の階層があるという。したがって、私たちの宇宙にある、電子のような素粒子は、もしなかを見ることができれば、それ自身、ひとつの閉じた完全な宇宙であることがわかるだろう。そのなかには、銀河やもっと小さな天体に相当するものが組込まれている。

（セーガン『COSMOS 下』木村繁訳、P197）

セーガンはこのアイデアを「無限階層論」と名づけました。

私たち人間を象《かたど》る最小単位の中に、「閉じた宇宙」が組み込まれているって？　そんなことがあるわけはない、と思ったとしても致し方ないかもしれません。しかし、いまでは誰もが知っている「地球は丸い」という説が否定された時代もあったわけですから、いつの日か、この奇妙なマトリョーシカのような宇宙論が明らかにならないとも限りません。

セーガンは「私たちのよく知っている銀河や恒星、惑星、人間などの存在する宇宙は、つぎの段階のもっと大きな宇宙のなかの一つの素粒子にすぎない」（同、P197〜198）とも述べています。

つまり、私たち人間も視点を変えれば、宇宙という身体の細胞の中で蠢《うごめ》くミトコンドリアのような存在ということになります。

人間は宇宙の細胞の一つで、その宇宙もさらに上の階層の宇宙の細胞の一つ……と考えていけば、では最終的にそれらを包括する存在はなんなのでしょう。超越者？　神？　仏？　思考の行き着く先は、やはり神秘の領域となりそうです。

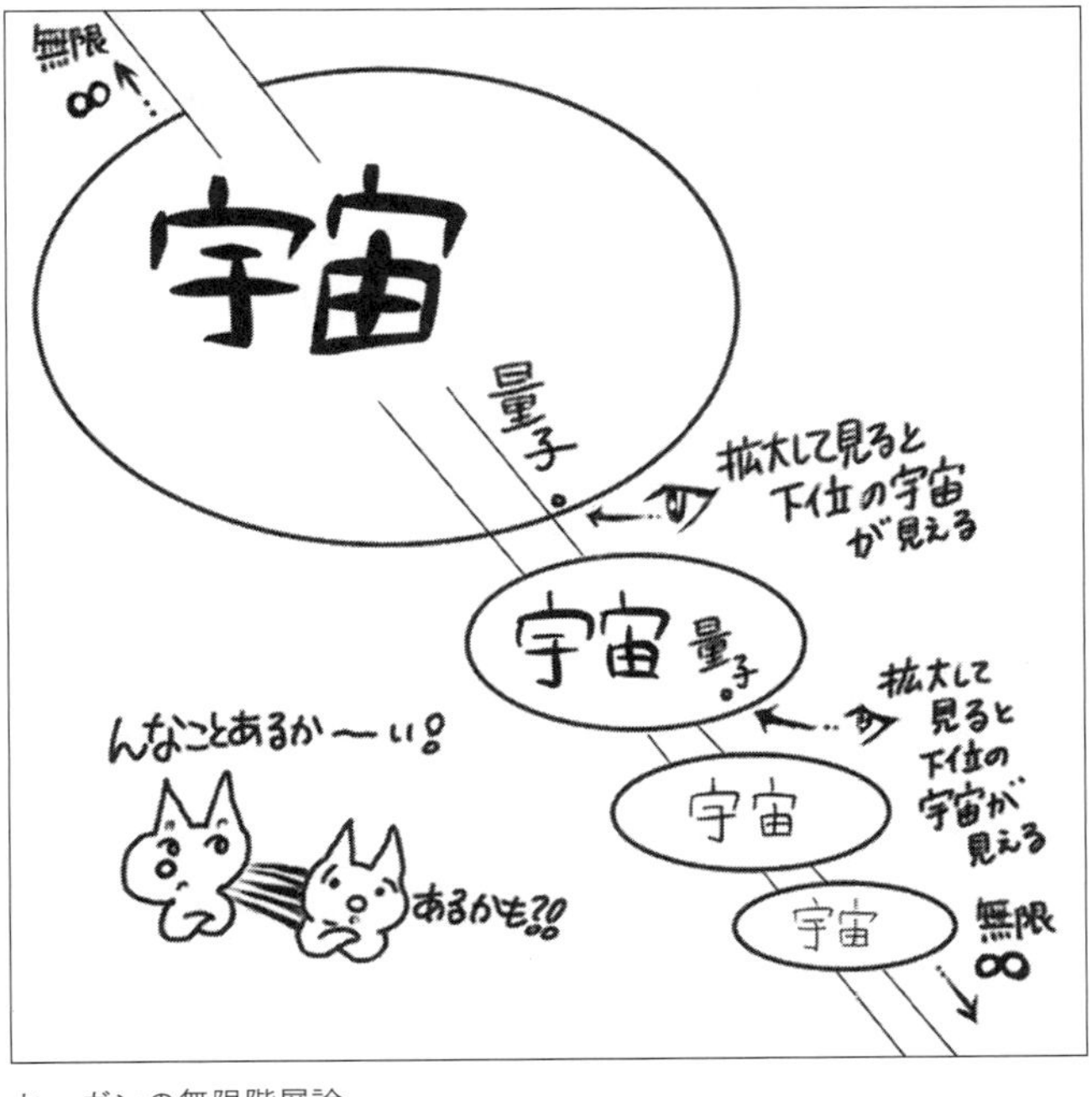

セーガンの無限階層論

セーガンの人間観

　こうした宇宙論を展開したセーガンの「人間観」もまた独自のものです。彼は人間のDNAを「約10億個のヌクレオチド（DNAの構成単位）の横棒が並んだハシゴ」に見立てました。その上で、これまでのDNAの組み合わせのすべてのパターンが出尽くしているか？と数学的に考えます。セーガンは、人間のDNAの配列自体もそれ自体が小宇宙のようなものであり、すべてのパターンはまだ出尽くしていないと主張しました。

　個々の違った人間の総数は、すでに地球上で暮らした人間の数よりも、はるかに多い。したがって、DNAの指示によって作られうる核酸を有益につなぎ合わせる方法は、驚くほど多い。その数は、たぶん、宇宙のなかの電子や陽子の総数よりも、はるかに多いだろう。

《『COSMOS　上』、P63》

　セーガンの価値観からすれば、私という人間も、過去の無数の人間の遺伝子の組み合わせで形作られていて、それがたまたま「わたし」になっている、ということになります。

　つまり、人間という特定の実体があるというよりは、無数の遺伝子が何かの縁で組み合わさって「わたし」という形になっただけなのです。

宇宙が生き永らえるために、人間は死なねばならないのか?

セーガンの宇宙観と人間観に基づいて、著者はこう考えました。

我々が生きている宇宙も、もしもセーガンの言うような上位階層の単なる一つの細胞のようなものだとすれば、「もう一つ上の階層の宇宙」の新陳代謝のために、我々は「死ななければならないシステム」に組み込まれているということになります。ここに「死」の必然性があるとも考えられます。もしも人が死ななければ、地球は渋滞の状況に陥って、まるで古い角質がたまっていくように、新しく生まれてくる次世代の「生」を阻害してしまうからです。むろん地球も死ぬ運命にあります。さらにその上位にある宇宙だってそうです。

残念ながら、宇宙や星のような長いサイクルではなく、短いサイクルで死んでしまうのが私たち人間です。人間は〝宇宙で蠢く小さな細胞〟にすぎないのです。ですが、我々の体内にも、さらに小さな宇宙が潜んでいて、その小宇宙から生まれる人間の「意識」は、大宇宙の無限性を感じ取ることができます。極小の存在が無限を包括できる力を持つ、この面白いシステムを内包する存在こそが人間なのです。

しかし、疑問は残ります。誰が、なんのために、このような気の遠くなるようなシステムを構築したのでしょうか。偶然にできたにしてはできすぎています。そこには超越者のような「何か」を感じざるをえません。わたしたちはその「何か」の存在を感じたり、信じたり、時には疑ったりしながら、逃れられない「死」と折り合いをつけ、今日を生きなければならないのです。

「代謝する宇宙」の思想を体感する手がかり

私は本書の脱稿後、記念という意味で2019年5月から6月までの1か月間、東京都中央区銀座8丁目の「中銀カプセルタワービル」に住みました。記念といっても、何かパーティ的なことをするのではなくて、もしかすると、「代謝する宇宙」について思考を深められるのではないかとも思ったからです。

中銀カプセルタワーを知ったのは、2015年。偶然、このビルの近くを通りかかった時、「これは宇宙の模型なのではないか」と直感しました。小さなカプセルをレゴのように組み合わせたこの風変わりな建築物は、パーツとしてのカプセルを交換することを前提に設計されたものでした。後に設計者である黒川紀章の文献を確認したところ、その建築に秘められた思想に関する文言を見つけました。

収縮と拡張という逆転的な運動を繰り返しながら、種子から形成された構造がふたたび種子を胎内化する。生体が成長する過程では、必ずアナボリズム（構成作用）とカタボリズム（破壊作用）があり、それを総合的にメタボリズム（新陳代謝）システムと呼んでいるように、建築の空間にも、それをばらばらにしていく装置化への方向と、それを全体に統一しようとする象徴化の方向とがあり、お互いをお互いの中に胎内化しながら、逆転的に空間を形成していくものではないだろうか。

私はこの過程について1960年に発表した論文「メタボリズムの方法論」（「近代建築」11月号）において、エントロピーの概念を用いて説明をした。建築とか都市のシステムについて考えるとき、生命体のもつシステムをモデルとして考えることが、私にとって大変なヒントになっているからである。

生命体とは、エントロピー増大の過程だと定義される。わかりやすくいえば、単純な組織から複雑な組織への移行であり、冷たい状況から熱い状況への移行である。ボルツマンは、これに確率の概念を導入して確率的に判断し難い状況への移行であるとした。この定義は、建築や都市の空間の形成のされかたにもあてはまると考えているのが私の立場である。

（黒川紀章『復刻版　行動建築論　メタボリズムの美学』彰国社、P168〜169）

都市も代謝し、建築も代謝し、生命体も代謝する、という建築哲学のもとで、中銀カプセルタワーは設計された、ということになるでしょう。

そこに上位階層（宇宙の代謝）をつけ加えるとすれば、宇宙の代謝、地球の代謝、都市の代謝、建築の代謝、生命体の代謝、細胞の代謝ということになります。

個別のカプセルが老朽化すれば、それを新しいものに取り替えて新陳代謝を起こしていく、いわば家そのものを代謝させるマンションとして設計されたのです。建築としてもぜひ後世に残し、その理念を継承するべきでしょう。

ところが、このカプセル「交換」＝「代謝」という黒川の理念は実行されていません。さまざまな要因が重なり、カプセルは現在まで一つも交換されていないのです。それどころか、いまや老朽化したカプセルが雨漏りを起こすなど、細かな問題が生じ、愛好家やマニアがなんとか耐え忍びながら愛でる、というサブカルチャー的な活用に留まっています。

サイバーパンクやスチームパンクなどの造形を愛でる者や建築マニアからすれば、そのレトロな未来感にはたまらなく愛着を感じるものでしょうし、著者の個人的な趣味からしても「グッとくる」と思う瞬間は何度もありました。

しかし、なされるべき個々のカプセル交換がなされていないという現状は、黒川紀章の思想（代謝させる建築）とは明らかにズレているのです。

この、中銀カプセルタワーの一つひとつのカプセルを人間にたとえるとします。つまり、死にいくべき人間が滞留すると建築物全体が死んでしまいます。より大きな存在が生きるためには、一つひとつの欠片が生を全うし、新しいものに交換される必要があるのだ、と切実に体感させられた経験となりました。

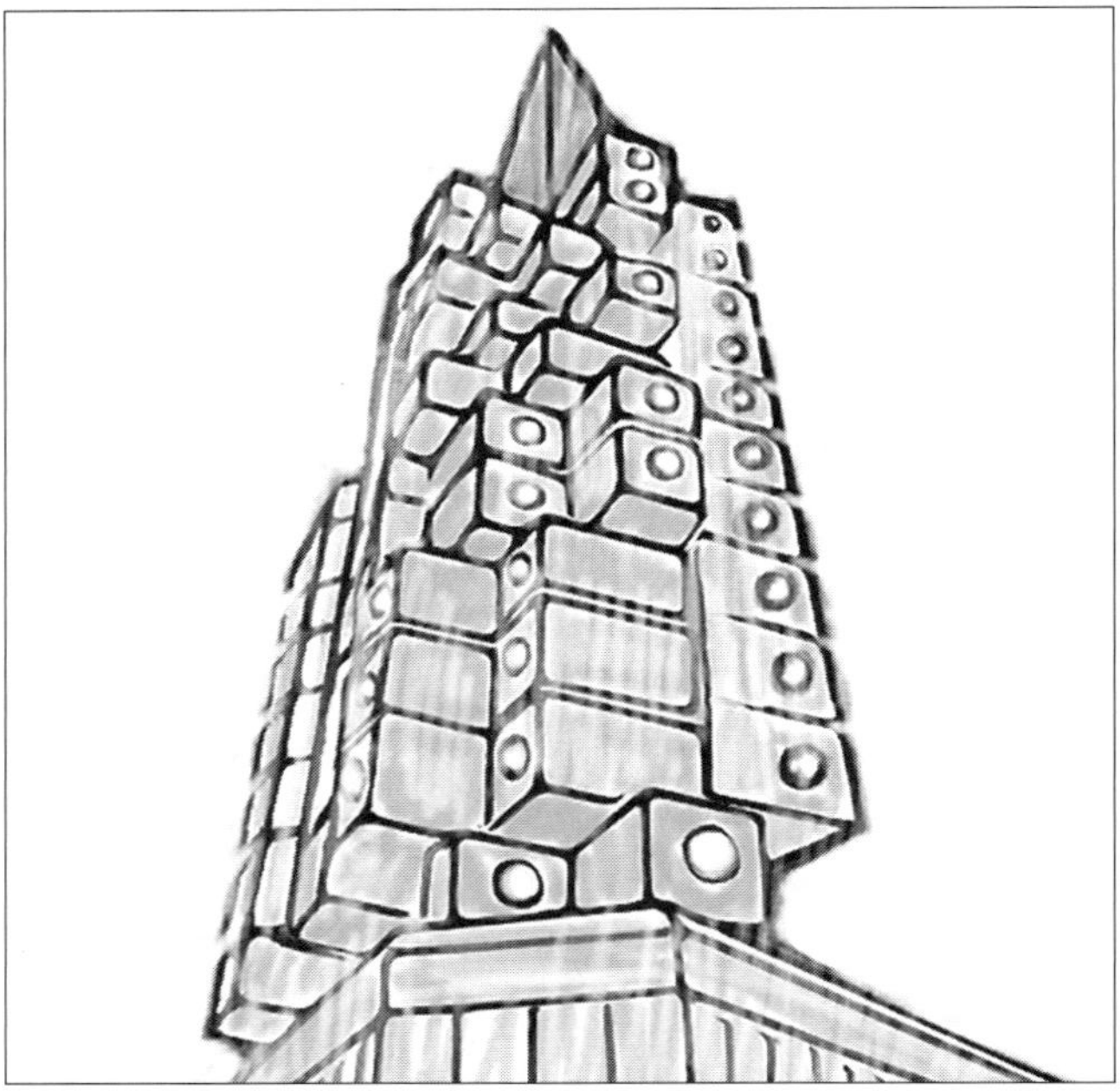

中銀カプセルタワービル

『黒川紀章ノート　思索と創造の軌跡』（同文書院）によれば、「1960年代は、生命の原理としての共生の思想につながっていく中間領域を追求しつつ、建築の解体、あるいは脱構築を考えていた。それまで、建築というのは豆腐のような立方体を想定し、中を適当に間仕切りすればいいという、幕の内弁当のような考え方であった。だが、そうではなく、まず建築をばらばらに分解し、それをまた細胞のように構造づけていくことによって、その建築の意味が見えるようになるのではないか―と考えたのである」（P188）とあります。

内藤理恵子（ないとう　りえこ）

1979年生まれ。哲学者、宗教学者。博士（宗教思想）。

2002年、南山大学文学部哲学科卒業。2010年、南山大学大学院人間文化研究科宗教思想専攻博士後期課程修了。

現在、南山大学宗教文化研究所非常勤研究員。

著書に『必修科目鷹の爪』（KADOKAWA/プレビジョン）『あなたの葬送は誰がしてくれるのか』（興山舎）などがある。

誰《だれ》も教《おし》えてくれなかった「死《し》」の哲学入門《てつがくにゅうもん》

2019年8月20日　初版発行
2020年4月10日　第2刷発行

著　者　内藤理恵子
発行者　杉本淳一

発行所　株式会社 日本実業出版社　東京都新宿区市谷本村町3－29 〒162-0845
大阪市北区西天満6－8－1 〒530-0047
編集部 ☎03-3268-5651
営業部 ☎03-3268-5161　振 替 00170－1－25349
https://www.njg.co.jp/

印刷／厚 徳 社　製本／共 栄 社

この本の内容についてのお問合せは、書面かFAX（03－3268－0832）にてお願い致します。

落丁・乱丁本は、送料小社負担にて、お取り替え致します。

ISBN 978-4-534-05716-7 Printed in JAPAN